贝克知识丛书

DEUTSCHE GESCHICHTE IM 20. JAHRHUNDERT

二十世纪德国史

Andreas Wirsching
[德] 安德烈亚斯·维尔申 著
张杨 王琼颖 译

上海三联书店

这本关于20世纪德国历史的小书描述了从具有专制国家色彩的君主政体到扎根西方的民主与福利共和国的德意志道路。这其间横亘的是那些烙印在20世纪德国与欧洲历史中的经历：世界大战与民主的失败，独裁与罪行，分裂与统一。安德烈亚斯·维尔申的描述以追问德意志"特殊道路"为主线，尤其对常常充满矛盾的长时段社会发展给予了特别关注。

安德烈亚斯·维尔申，生于1959年，奥格斯堡大学近现代史教授。他上一本出版物是《魏玛共和国：政治和社会》（2000）。

前 言

20世纪才刚刚结束。因此，撰写关于这段时期的一部"德国史"是一次不小的冒险，并且当我们不得不在极其狭窄的空间范围内来讨论这段时期时，这种冒险愈加明显。每一位通晓德国史的读者将不可避免地在下面的行文中发现大量尚未提及的东西，同时也会抱怨某些内容太过粗糙或太过片面。但我仍希望，拙作在传递那些确切的基本信息的同时指明一些阐释的可能性，并能够实现其目标。

首先，我要感谢 C. H. Beck 出版社的德特勒夫·费尔肯博士，是他鼓励我进行这样的尝试，并以令人钦佩的细致审校了原稿；奥格斯堡的福尔克尔·多特魏希博士不辞辛劳地阅读了初稿，我要对他提出的那些批判性建议表示衷心感谢；我还应感谢海克·费-阿格拜勒一直以来的热心工作和支持；最后，我要感谢我的母亲罗斯玛丽·维尔申，她也参与了该书的审校。

安德烈亚斯·维尔申
奥格斯堡，2001年2月

目 录

前　言……………………………1

第一章
一条通向 20 世纪的德意志"特殊道路"…………1

第二章
第一次世界大战与民主（1914—1933）………22

第三章
独裁统治与第二次世界大战（1933—1945）…66

第四章
战后与冷战时期：
两个德国的成立（1945—1955）……………108

第五章
分裂的德国社会和政治……………………124
第六章
"特殊道路"的终结：德国年（1989—1990）…151
后　记
从"黄金80年代"到90年代危机……………159

参考文献………………………………163
德中译名对照表…………………………175

第一章
一条通向 20 世纪的德意志"特殊道路"

现代化时代是否存在着一条德意志"特殊道路"？在 20 世纪 70 年代和 80 年代早期的史学界看来这是一个极富争议的问题。但在 20 世纪初，可能许多受过教育的德国人都会对此问题持肯定态度。只有少数人认为西欧民主的那套机制才能够解决德国现代社会所面临的政治、社会和文化难题，而多数人在西方文明中看到了堕落的征兆与功利主义的毫无节制。与此形成对比的则是普鲁士—德意志的"天命所在"，它似乎锻造出一个属于未来，结合了文化与权力、专制与自由、传统与现代的综合体。这一综合体所夹带的意识形态成就了这个民族国家：它的统一保证了一个强大国家的形成，以应对即将到来的挑战，并为德国人保障其应得的"阳光下的地盘"。

建构德意志特殊道路的思想根源尤其根植于历史主义，而历史主义的特别之处是强调与普遍性相对应的特殊性。但除此之外，它也可以被视为一种深刻不信任的体现：大部分的德国精英彻头彻尾地反对工业化的现代大众社会所代表的利益多元化。民主政治与议会制度似乎极为轻易地蜕变为财阀统治与党同伐异；代表个人利益的组织及其所取得的集体性成果则被直白地斥为功利主义的有害的时代思想。但也正因为如此，促成了建立一个强大国家观念的形成：这个国家的政体形式是君主制，国家的职能是作为"超越党派（利益）"的集体福祉守护者，以此保护集体福祉，反对任何形式的地方分治。因此，这样一种对民族国家观和历史的理解，也表现出对撕裂民族和国家关系的内部冲突的深切担忧，这些冲突可以是社会的，或是世界的、国民的，或是宗教的。至20世纪初时的德意志民族国家还太过年轻，以至于无法将其视为一个持续存在、历史悠久的国度。但在表面波澜壮阔的权力扩张背后就未曾潜藏修正历史的可能？威廉德国的光芒下就没有掩饰其社会、文化和政治结构中的深刻裂痕吗？

事实上，基于其内部种种矛盾，可以轻而易举对威廉二世帝国进行一次毫不留情的意识形态批判。当时就已经有不少同时代人曾这样做过，并以批判的眼光来审视过这个"没有国家观的大国"［赫尔穆特·普勒斯纳（Helmuth Plessner）］。如果对很多人来说存在这样的假象，即权力与精神的结合在帝国时代臻于完美——人们仅仅考虑到德国大学和科学的空前繁荣，那么，有心的观察者不会对权重日渐从文化转移到了权力思想这一事实视而不见。弗里德里希·迈内克（Friedrich Meinecke，1863—1954）在回顾往昔时直言不讳地提及那些否认自己的伦理与精神来源的德国资产阶级的"蜕化"。无疑过度的权力国家思想和侵略性的民族主义成为威廉主义政治文化的固定组成部分。由此也可以解释在这种文化下所受的痛苦。像特奥多尔·蒙森（Theoder Mommsen，1817—1903）一样的人物也几乎因此而崩溃：他曾参加过1848年革命，是19世纪德国知识界最伟大的人物之一，也是诺贝尔文学奖的获得者，但他却从根本上想变成另一番模样。"人是政治动物"（Animal Politicum）的观念深埋在他的内心，他始终忠实于青年时期的资产阶级自由主义理想，并因此承受着政治现实的痛苦，直至抑郁而终。在其1899年的政治遗言中，蒙森坦言："我……希望成为一个公民。但在我们这个国家却不可能（实现）。在这里，每一个人，即使是那些最优秀者，都无法超越这一代人所承担的义务和政治崇拜。"蒙森感到，从内心来说自己与其所从属的人民之间是一种割裂的关系。他宣布封存自己的遗物，以便不让自己的真实性格暴露于"我并不尊重的"公众面前。

蒙森肯定不具有代表性，但他却是一个突出的例子。这个为人所追求的、由权力和文化组成的综合体破裂了，而在一个以社会、经济和技术急剧变化为特征的时代也不得不破裂。因为这也是回顾帝国历史的一部分：我们不可以忘记威廉时代这一代人所面临的巨大变革压力与适应压力。在所有欧洲大国中，德国经历着最急剧的转变和最深刻的对立。在短短几十年的时间，它完成了从农业国到工业国的过渡；在一代人的时间里，自然风光、商业世界、社会关系、道德纽带和政治格局均发生了变化。正如弗里德里希·瑙曼（Friedrich Naumann，1860—1919）在1904年所指出的那样，"每个人都有改变旧思想的内迫力，即摆脱旧环境的渴求。"因此，当时一部分德国"过渡人"——人们对威廉帝国这代人的称呼［马丁·德里（Martin Doerry）］——面临这种适应任务感到力不从心也许就并不让人为之惊讶了。因此，在一个传统价值观越发遭到质疑及稳定的价值导向标准一再缺失的时代,权力国家和民族轻而易举地成为一种宗教的替代形式。

如果将目光投向1912年选举产生的最后一届战前帝国国会就会得出一种变革的印象,政治多样性及德国局势中存在各种对立的印象。将近84.9%拥有选举权的民众都投出了选票,这一比例大于帝国历史上任何一次选举。这一高参与率表明,帝国宪法中民主因素和男子平等普选权提高了政治动员与参与的程度。但轰动一时的则是社会民主党的选举结果。这个从前遭到排斥的、其成员被公开谴责为"国家公敌"的政党,一跃成为帝国国会的最强党团。社民党人获34.8%的选票及总共397个议席中的110个席位。其选民主要由大城市和工业中心的产业工人组成,汉堡、柏林以及萨克森的部分地区是社民党的票仓,这些城市中有超过60%的选民将选票投给了社民党;而在农村、小城市及天主教地区的选区,社民党的得票率则明显低于10%。社民党毫无疑问是工人运动的政治组织,其选民人数从1874年的约35万增加到1912年的425万,这一增长同时也标志着在工业化和城市化的影响下德国经济结构的剧变。

在1912年帝国国会选举中,还第一次出现了社民党和左翼自由党之间的选举约定。虽然这些约定并非总能得到双方的赞同，但它们却暗示着一种联合，它在未来尽管冲击力有限，但却构成了重要的政治潜力：1912年到1930年间，追求民主的资产阶级与改革导向的工人运动的合作一再成为一种议会政治的结晶，与之相连的则是对现有机构的继续发展及对议会制和民主化寄予厚望。

左翼的自由党是由多个组织于1910年新成立的进步人民党（Fortschrittliche Volkspartei）。在1912年的帝国议会选举中，该党获得12.3%的有效选票及42个议席。其拥护者主要由受过高等教育的市民阶层组成，教授、公务员、律师以及其他自由职业者在其中占很大比例。进步党与其同信奉自由主义的姐妹党——民族自由党在社会结构上差别不大，其差别更多地表现为进步党一贯强调经济自由主义，尤其还要求在国会中拥有更强势的地位。此外，进步党还认识到古典自由主义有必要有限度地向"福利国家"转型。它认为，如果大部分民众尚未获得必要的物质和教育资源，那么就不足以将个体的自由发展作为政治信条。自由主义的帝国主义（思想）与"世界政策"，议会制的进一步发展及福利国家的干预，由此构成的纲领要点与社民党中的改革派力量有着不少共同之处。但民族自由党人却大相径庭：尽管在群众基础方面,他们与进步党人相差无几,但却奉行一条严格反社会主义的路线,绝大多数人都拒绝帝国议会民主化,并在基本问题上对保守党持开放的姿态。1912年,民族自由党获得13.6%的选票和45个议席。

保守党派则在1912年以12.7%的选票收获了他们在帝国历史上最糟糕的选举结果。只不过多亏了优先照顾人口稀少地区的选区划分,德国的保守党和自由保守党才总算共同获得了57个议席。作为一次持续下滑运动的终点,1912年的选举结果表明贵族大地主阶级以及整个农业德国的融合与动员能力日益削弱。由此在很大程度上也可以解释帝国时代的普鲁士德意志保守主义敌视改革的态度为何如此根深蒂固,即使在和平时期也无法克服。保守党人奉行反议会制、反社会主义和反自由主义的政策。在民主选举出的帝国国会中,他们日益被孤立,并退回到大量他们依然保有的大量社会和政治权力位置上——在普鲁士邦,在君主周围,在军队,在高级官员群体中。

最终从20世纪初以来在帝国国会中占据关键地位则是中央党(Zentrumspartei)。这个天主教政党堪称德国政党体系中的一枝独秀,同时它赋予了维持至1933年的德国议会制度区别于其他国家的特征。在推行小德意志路线的"俾斯麦帝国"(Bismarck Reich)中猝不及防成为少数教派的天主教徒于1871年成立代表自身政治利益的中央党,它首先具备了与社会民主党类似的结构性反对党的职能。与社民党的情况一样,这一过程也伴随着由协会及其他天主教代言组织所组成的紧密网络的扩大,它们伴随着每个人"从摇篮到坟墓"。然而,从19世纪90年代开始,这个曾经与社民党同为"国家公敌"的反对党,却逐渐转变为一个支持政府并准备与保守党及民族自由党合作的政党。自1909年起,掌握帝国领导权的议会多数由保守党和中央党组成"黑-蓝"阵营占据。但中央党在1912年遭到重创:其得票率从19.4%降到了16.4%,仅获91个议席(1907年为105席)。尽管中央党是承担着推动非同质拥护者融入社会责任的唯一一个德国政党,但与此同时,严格的教派之分及由此产生的地理限制也使得它在政治上的各种发展可能性变得很有限。知名中央党时事评论员尤利乌斯·巴赫姆(Julius Bachem,1845—1918)提出"走出教堂塔楼",面向非天主教选民阶层开放的要求,一直未得以实现;直至1933年,中央党仍是一个纯天主教的党派。

犹如一面凸透镜那样,威廉帝国的最后一届帝国国会聚焦着各种严重的对立、政治上的阻力,但同时也包含着威廉德国的各种发展机遇。考虑到当时的两极分化，一边是位于莱茵河与鲁尔河畔、萨克森、德国西南部或柏林的现代工业区，而另一边则是易北河以东的农业区。在莱茵兰地区的实业家和东普鲁士骑士大庄园主之间横亘着的，不仅是约1000千米的距离，也是文化意义上的不同世界。同样，帝国的社会和经济重心从农业向工业、从农村向城市转移既势不可当，又不容改变。1882年时德国总人口的41.6%还依靠农业为生，到1907年这一比例仅为28.4%。在此期间，工业及其相关行业从业人口的比例从34.8%上升至42.2%。在帝国成立之初，仅有近200万人生活在10万人口以上的大城市，但到了1910年则已经有近1400万人了。

与之相连的是工业化的另一产物，即在德国特别突出的阶级矛盾。当时，对于广大的德国资产阶级及农村贵族阶级来说，世界上规模最大、组织最完善的工人运动的存在是一个根本性威胁。对于生于1862年的弗里德里希·迈内克来说，一直"难以忘怀的"是"孩童时期的战战兢兢，当我走在上学路上……有一次不得不从正在罢工的、怒目相向的工人人群中挤过去"。事实上，工人运动难道不是激进地将资产阶级曾经以为神圣不可触犯的一切都打上了问号吗？它提出了集体主义和阶级斗争，与资产阶级的自由主义和秩序思想针锋相对；它坚持以无产阶级的国际主义取代民族国家的统一和强大。资产阶级的政治主题——德国的自由和统一似乎因为上述两点而在极大程度上受到威胁。相反很多企业家则由其狭隘的阶级利益及不妥协的"一家之主"立场所主导。从这一点来说，工会和社民党只能是敌对者，根本不可能是潜在的合作伙伴。

尽管世俗化运动在不断发展，但宗教—教会因素始终一如既往地发挥着主要作用。19世纪70年代的文化斗争已为此提供了足够的证明，但之后，一堵互不信任的墙却隔绝了路德新教德国和天主教德国。一方面是对"教皇极权主义"趋势的指责，另一方面是对文化优势的恐惧，二者一再导致了各个教派间的激烈冲突。由此产生的其他文化障碍让原本就很艰难的社会融合以及议会冲突调解变得困难重重。而除了教派分歧之外，德国的政党和政治阵营还倾向于教条主义。德国成为酝酿马克思主义的土壤绝非偶然。马克思主义通过一种难掩其黑格尔辩证法根源的、历史形而上学的"建构"使得阶级社会的分裂变得更为深刻。显然，未终结的意识形态之争，关于修正主义的争论及左翼力量不断加强，都给社民党融入威廉帝国的政治文化造成了困难。

事实上，德国人证明了自己特别易受以哲学和科学名义出现的意识形态的影响。德意志帝国遭受着传统匮乏之苦，而这种匮乏产生出一种过度"从历史角度来为生存进行辩护的需求"（H. 普勒斯纳）。由此出现的情况是，这个建立于 1871 年的德意志民族国家缺少一段共同经历（及承受）的历史。与英国人和法国人不同，德国人确实不曾拥有所谓"辉格党式历史阐释"的历史，即以线性的进步史观进行阐释并加以意识形态化的历史。取而代之的是太过频繁出现的乌托邦主义、教条主义或复古观念，抑或残留下的是那些赤裸裸的、无法通过一个共同文化根基来统摄的利益矛盾。

因此，通向 20 世纪的德意志"特殊道路"的基本要素产生于帝国内部不得不去平衡的种种结构性问题。虽然对比当时的欧洲，这些问题并非个别现象，但是德国历史的独特之处在于这些矛盾存在的同时性。和德国一样被阶级矛盾深深撕裂的英国不仅拥有数百年之久的民族国家传统，而且还拥有一个经受过长期考验的议会体系。而与德国一样被烙上深刻意识形态矛盾的法国，则不像它的东部邻居那样经历着近乎暴风雨般推进的工业发展。相形之下，德意志帝国是除意大利之外必须同时解决富于时代特征的现代化问题——建构民族国家、工业化及君主立宪制——的唯一欧洲国家。

鉴于这种经济、社会和文化矛盾的同时性，威廉德国面临着政治上的巨大阻力。自帝国后期以来德国存在着两大几乎势均力敌的政治阵营，这也描绘出了社会对立的图景：一方面是由社会民主党和左翼自由党组成的左翼阵营，后者在党纲中规定有实现议会制、民主政体、福利国家的义务；另一方面是右翼阵营，由保守党和原则上拒绝议会体系、反对工人运动的民族自由党构成。处于两者之间的是天主教中央党。该党凭借其左翼和右翼势力分别插入两大阵营，并因此一直保持着与二者结盟的能力。事实上，帝国的君主立宪制缺乏对执政党和反对党的一个明确区分，也无法使二者实现定期的政治轮换，随之出现的政治形势是各政党既弱小到不足以获得半数以上的选票，却又拥有足够实力去相互阻碍。

帝国宪法和其自1871年以来的发展则更加剧了这类政治阻碍，这比它们相互对抗原本会产生的后果更甚。俾斯麦帝国因其在宪政问题上复杂的妥协结构而受到损害，由此产生的问题起初或许还可以由帝国缔造者的伟大人格魅力加以抵消；但自19世纪80年代开始，直到俾斯麦被解职之后，受威廉时代政局更迭的影响，对帝国是否还可控制的质疑才随着时间的推移越发甚嚣尘上。

帝国宪政的核心难题在于对长期以来难以相互协调的三原则的结合。以帝国国会为载体的宪法，提出用民主—议会制原则来对抗主要由皇帝及其任命的"帝国领导层"所代表的君主制原则。虽然帝国国会在威廉帝国中并非一个无足轻重的存在，即执政决不能无视议会（的存在）或者是像普鲁士宪法冲突时期时没有众议院那样完全没有议会；在确定财政预算和立法时，帝国政府不得拒绝帝国议会通过的意见；但国会及其议员也不得自行组建政府。不同于英国那样的君主立宪制政体，帝国总理在执政时无须获得帝国议会的信任。此外，通过帝国宪法的不兼容条款（帝国宪法第21条），帝国国会议员不得担任政府官职。这就在具体实践中，在行政机关和立法机关之间筑起一道不可逾越的墙，并阻碍了帝国国会自己发展出政治官僚精英。

此外还有第三个原则，即联邦原则，帝国宪法正是建立在该原则之上。从国家结构来看，至少在理论上帝国是一个拥有国家主权的诸侯联邦。作为行使国家主权的机关，联邦参议院的重要性远大于单个的邦议会。而主导这种帝国和各邦之间的联邦关系则是普鲁士王国：普鲁士任联邦参议院主席并享有否决资格，而普鲁士王国宪法本身是以不民主的三级选举法为基础的。因此帝国很大一部分专制特性是因普鲁士在（帝国）宪法上所拥有的绝对优势。其结果是帝国国会与政府在制度上存在二元对立，帝国权力与民主尚未合法化，由普鲁士主导了邦一级权力之间的二元对立。二者长期以来阻碍了一种机构化政治决策的形成。

考虑到帝国并未达成宪法妥协，因此一条德意志的"特殊道路"通向了20世纪，它把绝对君主制的遗产留给了这个崭新的世纪，将议会影响力排除在绝大多数政治权力，特别是军事领域之外，但又为民选权力机关保留了完整的行政权。正是这一明显无法突破的宪政僵局使得德国政党在其发展过程中长期遭受损害。面对一个"中立"的国家权力，政党首先将自己定义为一定社会（群体）利益及其世界观的代言人，而非政治决策的合法代表。由此造成的事实是：帝国与其精英阶层无法实现自我改革。直到第一次世界大战的最后几周里，在败局已定及无可避免的巨大外部压力影响下，"十月改革"①使得政府不得不依赖于国会的信任，但为时已晚：改革演变为革命，它似乎不费吹灰之力就将帝国推翻了。

---

① "十月改革"是指德意志帝国在一战即将结束的1918年10月推行的一系列政治体制改革，其中的重点包括通过修改宪法及相关法规引入议会民主制，但此举并未能挽救帝国于倾覆。

正因为社会分裂、文化矛盾以及政治阻碍势力，帝国时代的德国人寻找着互相包容的整合方式，它可以赋予政治存在以意义与形式，揭示其道路与目标。社会民主主义者和天主教徒在其政治代言组织的"消极融合"[D. 格罗（D. Groh）]中部分地找到了此类整合方式，而新教资产阶级和贵族阶级则从君主政体及民族权力国家的观念中找到了答案。亨利希·曼（Heinrich Mann，1871—1950）的长篇小说《臣仆》（*Der Untertan*）中的迪德里希·黑斯林一角无疑是一种讽刺性的夸张。但是，一味寄希望于民族国家权力扩张的政治性结果本身就孕育着罪恶的萌芽。大多数的教授、牧师、教师、官员都忍受着被区隔成不同而又对立的阶层与阶级、经济利益、世界观与文化表现形式的现代社会的折磨。有组织工人运动的兴起，大规模经济联合体的影响，经济和技术领域中新职业的出现，所有这一切都威胁着受教育资产阶级的地位。

出于对由此产生的威胁的恐惧，自20世纪伊始，资产阶级就选择了一种激进民族主义的新形式。由帝国社会对立所带来的各种矛盾与问题，常常被此类民族主义者解读成受外来敌对势力的影响：自由主义、资本主义、"国际主义"和外部威胁都应该归因于此。在一个"敌人环伺的世界"里,重要的是要在种族基础上实现民族统一,以消除其中的社会、文化和政治矛盾。如此德国或许才能经受住外部敌人的挑战。这种极端民族主义者——例如泛德国联合会(Alldeutschen Verband)主席海因里希·克拉斯(Heinrich Claβ,1868—1953)——的基本批判甚至面对威廉二世时也未曾停止攻击,后者被认为统治能力低下。因此,自20世纪第一个十年以来,那种被称为"战争精神"的激动情绪对打上身份危机与文化悲观主义印记的(新教)受教育资产阶级的煽动之深较其他阶层甚至有过之而无不及。期望以一场大战从内部将一个统一的德国提升至一个更高文化阶段,与寄望于对外强化德国本就从战争中迎来的民族统一的目标是一致的。只有一个统一的德国,才被真正视作是不可战胜的。

这一观念的一种特殊表现形式便是"1914年思想",它几乎构成了"1789年观念"在意识形态上的对立面。一种德意志文化占优的特殊观念被用来对抗西方普世主义思想。但随后支撑着它的则是权力思想,即占据优势地位的人、道义上的强者在"生存斗争"中一定程度上拥有天赋权利。这一思维定式的缺点则是德国政治中的唯意志论特性——认为想要在对抗外敌时掌握一切,只有先使内部敌人噤声。在极端情况下可能会造成有意识地否定现实,而这种否定的态度直到一战结束前的最后几个月仍在部分地损害着德国的政策。因此,德意志"特殊道路"与拒绝承认世纪之交欧洲的种种现实之间存在紧密联系。

如果说这个已被无情拉开序幕的现代化时代让许多威廉德国时代的人们觉得是种威胁,那么这种感受也被原样复制上了国际舞台。众所周知,帝国地处(欧洲)中部的危险地理位置已令俾斯麦深受"结盟噩梦"的困扰,而威廉二世也间或提及俄法同时发力会形成针对德国的"可怕的钳子"。倘若哪天其余大国打算把历史的时钟倒拨,让中欧重新回到它并不陌生的诸侯邦国形态,那么(德意志)帝国将拿什么来对抗一个具压倒性优势的联盟?这个年轻帝国的存在绝非水到渠成到无须担心任何因其建立而可能产生的危险后果,因此俾斯麦本人在1875年"战争在望危机"[①]后宣称帝国业已"饱和"。

---

① 也称德法战争危机。1875年春法国议会通过的扩军议案刺激到了德国。俾斯麦授意媒体"先发制人",于4月5到8日之间大肆宣扬法国改组军队是在做战争准备,随后他更是在德国陆军参谋总部的参与下在德国内外掀起了一场反法运动。面对德国人的进攻态势,法国人将德方的相关言论及民间传闻收集起来后送交欧洲各大国政府及媒体,导致欧洲舆论哗然。这场德法

他试图将国际紧张局势尽可能地引向欧洲或殖民地的"边缘地带",以使冲突远离欧洲中部,并借调停事端提高充当"诚实掮客"的德意志帝国的地位。

但从长远来看,这种策略恰恰要求放弃的是自19世纪末以来成为欧洲大国通行法则的帝国主义扩张。推行"世界政策",在国际政治重大问题上拥有决定性话语权——这在当时是衡量一个大国威望的标准。在普遍奉行殖民扩张的时代,谁退回到"饱和"状态,接下去就面临着丧失大国地位的危险。作为欧洲大陆霸权的帝制德国是否有可能长期避开这一具有时代特色的运动方向,肯定是存在争议的。但从20世纪初以来混沌不明的问题日积月累,更毋庸说帝国外交政策的失误了。

帝国外交政策的一个核心问题在于与英国的关系,当时的德英关系因为海军元帅阿尔弗雷德·冯·蒂尔皮茨(Alfred von Tirpitz,1849—1930)带有挑衅性的海军政策而岌岌可危。德国的海军政策可以被解读为德国作为殖民政策的后来者试图与英国叫板时所缺乏的帝国主义"筹码"。可是这场算计却是建立在错误的假设上——英国总有一天会因其与法、俄的对抗传统而与

(续上页)外交危机最终以俾斯麦于5月底向德皇提出辞呈遭拒绝后离开柏林"思过"而告一段落。

德意志帝国达成妥协。按照德国的思路,只有当英国在一场欧洲冲突中承诺中立,并且同时对可能建立一个德意志的中部非洲保持友好态度,德国才愿意停止海军军备竞赛。然而意料之外的事情发生了:英国与"宿敌"法国于1904年达成《英法协约》(*Entente cordiale*)。尽管该协约首先是基于全球殖民政策的考量,但正是威廉帝国咄咄逼人的海军政策及其四处炫耀的"世界政策"促成了巴黎与伦敦在利益政策互补的旗号下彼此靠拢。在随后的数年间,柏林、巴黎和伦敦之间由此发展出一种剑拔弩张的三角关系。尽管时局变换,但始终盘旋于这一关系之上的关键问题在于德国是否能成功在(英法)联盟中钉入楔子。然而,这一尝试在1905年和1911年均以失败告终:在两次摩洛哥危机①期间,充满侵略性的德国政策非但未打破英法联盟,反而使这两个并不势均力敌的联盟伙伴走得更近了。柏林再次陷入越发孤立无援的境地,并且颜面扫地。

1907年英俄达成相互谅解则进一步加剧了德意志

---

① 分别指的是1905—1906年和1911年的法德两国为争夺摩洛哥而引发的战争危机。第一次摩洛哥危机以1906年欧洲列强达成支持法国的协议告一段落。该协议承认摩洛哥独立,而其警察权力掌握在法国和西班牙手中。第二次摩洛哥危机则以1912年摩洛哥最终沦为法国保护国而告终。

帝国的孤立。许多人担忧的"封锁"最终还是发生了，然而没有人出面解释这是否并不涉及某种形式的"自行解除封锁"。这场外交喧嚣的全貌得以在"《每日电讯》事件"①中暴露无遗。这份伦敦报纸于1908年10月28日刊登了一篇对威廉二世的采访，这篇采访使得皇帝的政治判断力给人留下了极其糟糕的印象。愤怒的风暴旋即席卷帝国国会与德国的公共领域，人们要求依据宪法限制皇帝的特权，甚至要求帝国实现议会民主化。这场危机一下子就将帝国内部的宪法问题暴露在聚光灯下：它不仅再次证明，君主想要在现代工业国家实现"个人统治"在宪法上绝无可能——即使是由威廉二世之外的其他人进行统治也同样力不能及。除此之外，这场危机还清楚地表明，建立在有缺陷的君主立宪融合基础上的体制存在着功能性障碍。

然而就在帝国国会和公众对皇帝大加批评的同时，普鲁士总参谋部已经在为未来所担心的两线作战做准备——对此文官政府却毫不知情，更谈不上监督。这

---

① 1908年威廉二世在英国度假期间与一位名叫沃特利的英国上校有过多次交谈。英国大报《每日电讯》于当年10月28日刊登了皇帝与沃特利的一席谈话，由于威廉二世就英德关系发表的个人观点措辞极为不谨慎，故而在德国国内引起轩然大波。

一试图通过一场两线作战的战争来规避潜在威胁的军事战略方针便是"施里芬计划"。该计划以普鲁士总参谋长阿尔弗雷德·冯·施里芬伯爵（Alfred Graf von Schlieffen，1833—1913）的名字命名，拟通过使被视作更危险对手的法国的迅速投降，抢在两线作战压力出现之前做出反应。然而，施里芬计划也暴露出一系列的军事和政治问题，比如首先是破坏了比利时的中立。正是帝国宪法的内在结构决定了这一切：一方面是威廉二世那些在外交上毫无影响力的外行话引发了一场严重的政府危机；一方面却是那些极富政治深意的军事谋划始终未被议会和公众真正察觉。在军事指挥权和文官政府之间存在一个宪政未能调停的二元对立。从宪法上来说，这一局面只能由皇帝本人来终结，但他同样对此无能为力——这样的情况之于其他任何一个君主国莫不如此。具体到军事战略上就导致了备受期待的两线作战讨论被确定了下来，而不再给其他可选方案留有余地。更确切地说它倾向于成就一个期待自我实现的预言，而对种种政治、外交解决的可能性置之不理。1914年战争爆发所引发的进一步事态走向足以清楚佐证这一点。

第二章
第一次世界大战与民主（1914—1933）

第一节 一战中的德国

20世纪伊始，欧洲大陆最危险的危机源头位于巴尔干半岛。在这片行将就木的奥斯曼帝国的昔日领土上，交织着奥匈帝国与俄国的利益冲突，民族和宗教矛盾。在1908年及1912年至1913年的巴尔干危机中，尽管人们始终在担心一场大规模的欧洲战争甚或是世界战争的威胁，但冲突仍是区域性的，被限制在"边缘地带"。因此，1914年6月28日奥匈帝国皇储弗朗茨·斐迪南大公（Franz Ferdinand，1863—1914）与其夫人在萨拉热窝遭到一名受大塞尔维亚民族主义组织委托的波斯尼亚大学生枪杀,这一事件最初不过是作为一场新的巴尔干危机一如既往地被提上国际议事日程。但与以往不同的是,这一次随之出现的情况是那些未直接涉事的大国没有放缓干预的步伐。

就在刺杀事件发生后,维也纳的抗议浪潮高涨,不少人认为,现在必须跟塞尔维亚"算总账",这些诉求并不出人意料。但对维也纳政策起决定性作用的问题在于,作为其最紧密盟友的德意志帝国在奥匈帝国与俄国发生战争冲突的情况下将采取何种态度。外交试探的结果是1914年7月5日由德皇和他的首相特奥巴尔德·冯·贝特曼-霍尔韦格(Theobald von Bethmann-Hollweg,1856—1921)为其维也纳盟友所开出的那张著名的"空头支票"。这一建立在向日渐式微的多瑙河君主国承诺无限制结盟基础上的动机,已成为大量研究的对象,对此的解释也无定论。它究竟是一种战争意愿的表达,以确保德意志帝国在欧洲和世界上的霸权地位?或是从中传达出这样的希冀——在容忍战争风险的情况下,能够阻止国际权力体系越发向不利于德国的方面转向,并打破威胁日深的"封锁"?代表前一种观点的主要是发起所谓"费舍尔争论"的主要人物[①],而后一

---

① 汉堡大学教授弗里茨·费舍尔(Fritz Fischer)。1961年

种观点则在今天得到了广泛认可。这张空头支票是出于将风险控制在一定范围内的预防性打击的考虑。首先是高级军官，特别是总参谋长小毛奇[赫尔穆特·冯·毛奇（Helmuth von Moltke，1848—1916）]要求利用这一看起来很有利的时机。他们认为，发动一场有足够成功把握的双线作战战争是有可能的，而帝国在军备策略上的领先地位将在短短数年内逐渐丧失。

得到了来自柏林的允诺后，奥匈帝国对塞尔维亚采取强硬姿态。此举不仅加剧了危机，而且最终以一种恶意的方式触动了这一结盟体系及军事动员方案的运作机制。1914年7月28日，奥匈帝国对塞尔维亚宣战，立即引发了俄国的战争总动员（7月30日），尽管德国政府曾试图以最后通牒的方式迫使俄国撤销战争动员，却未获成功，1914年8月1日德意志帝国向俄国宣战。从这一刻开始，一个为应对紧急状态而制订的长时段军事计划开始在德国像钟表一样运行起来，但很快，以这

（续上页）他出版了以一战前德国外交政策为研究对象的专著《争夺世界霸权》（*Griff nach der Weltmacht*）。该书的出版不仅打破了回避讨论德国对一战爆发所承担责任的禁忌，费舍尔所得出的研究结论更是对当时的主流观点构成颠覆性冲击，并就此在学界引发了一场大争论，尤其是1964年的历史学家大会上，费舍尔与他的学生更就该问题与保守派历史学家展开了一场公开辩论。

个施里芬计划为基础的军事战略方案的两面性就显现了出来。究竟"七月危机"①的结局荒唐在哪里？原本冲突的源头位于巴尔干半岛，德、俄处于交战状态，但德军却将目光投向了西面。因此，在对俄宣战之初东方并无战事，但被双线作战方案鬼迷了心窍，且照施里芬计划按部就班部署的德国政府于 1914 年 8 月 3 日向法国宣战。由于估计法国会很快投降，同一天德军在未宣战的情况下长驱直入中立的比利时，如此就不可避免地导致英国对德宣战：对德封锁就此成为由德国自己成就的预言。

姑且不论是否能够避免 1914 年战争及更早先的巴尔干危机爆发，如果说战争完全不可能发生则不尽然，尤其即便比利时的中立不受损害，英国的态度也是暧昧不清的。但更严重的问题则另有他者：德国看上去是侵略者，是主要责任方，但除此之外还有别的可能性吗？导致一战爆发的其他因素，例如法国因阿尔萨斯－洛林地区（被割让）而暗流涌动的复仇主义，或是沙皇俄国向巴尔干地区及君士坦丁堡的扩张，但这些问题都被德

---

① 指 1914 年 7 月，围绕奥匈帝国王储遇袭身亡事件，英、法、德、俄、奥匈及塞尔维亚在军事和外交上的一系列矛盾激化，最终导致了第一次世界大战的爆发。

国在1914年8月的军事行动所持续掩盖起来。在世界舆论中，有关战争责任的问题已有定论。由此在1918至1919年出现了一个意义深远的悖论：大多数德国人都深信他们发动的是一场保卫战，但与此同时，德国却被视作穷兵黩武、应当承担全部责任的侵略者。

在很长一段时间里，传统观点都认为，宣布德国处于战争状态传递出的不过是摩拳擦掌的亢奋情绪。兴奋欢呼、高声歌唱的大众，用鲜花装饰的武器：这是至今仍广泛流传，描绘出第一次世界大战开战在即时大众情绪的部分图景。实际上，它主要来自德国受教育资产阶级在民族统一的喧嚣中曾经历过的"战争激情"的深刻影响。然而8月初的欢呼声充其量只揭示了一半的历史真相，另一半的真相则体现在那些表达悲伤与绝望、沮丧与忧虑的众多报道中。因此这种"战争激情"的真实性和广泛性究竟如何，新近的研究各有不同的判断。但可以肯定的是，为很多人热切盼望的"八月事件"从一开始就带有意识形态上的设计，它对特定社会及地域范围的针对性远比人们长期以来所认为的强得多。甚至可以不客气地说，投赞同（战争）票的绝大多数是受教育资产阶级与受过高等教育的年轻人，他们所梦想的是一个更强大的、统一的德国，它在欧洲拥有绝对霸权地位，并最终大步迈向"世界政策"。

而在战争爆发之初令很多人忧心忡忡的一个核心问题是：社会民主党如何对待战争？对于德国这部战争机器而言，这个以和平主义和国际主义为导向的工人政党难道就不是一个安全隐患吗？社会主义国际（即第二国际——译者注）早就通过策略，即要在大战时将冲突引向（各国）内部，同时号召起国际总罢工，这难道没有威胁到极为必要的德意志内部统一吗？然而这一标志着德国社民党及欧洲社会主义历史重大转折的事件，并没有发生。绝大多数社民党人都支持帝国领导层的政策。对此起决定性作用的，一方面是大多数社民党人都抱持这样的信念：由于俄国的行动被视作赤裸裸的侵略，因此他们有保卫祖国的义务。正好十分有利的是，面对这一已被卡尔·马克思视为反动势力避难所的专制警察国——俄国，民族国家优先与意识形态优先的考虑可以被完全统一起来。另一方面，社民党与自由工会（Freien Gewerkschaften）的领导班子均认为没有任何东西可以阻止基层群众压倒性地渴求民族统一的愿望。这至少是政党领袖常用的理由。但当最新的研究开始对"战争狂热"的普遍性追根究底之际，长期以来都被接纳的有关社民党的观点也遭到了质疑。如果来自"充满战争激情"的基层群众的压力比设想的小，那么那些支持"城堡和平政策"①的社民党人所要承担历史政治责任就会更大一些。

无论人们如何详细评价这些背景，有一点是肯定的，即国会中的社民党党团于1914年8月4日投票支持发行战争公债——唯一的一张反对票来自卡尔·李卜克内西（Karl Liebknecht，1871—1919），不仅对社民党历史，也对整个德国历史具有深远意义。一方面，它使得以威廉二世"城堡和平"演讲为标志的国内政治统一成为可能，亦使社民党人得以走出"目无祖国的家伙"这一判决的阴影；另一方面，1914年8月4日的决定本身已孕育着社民党内部的分裂。受到一些人热烈欢迎的东西，被另一些人视作"背叛"，是对工人阶级和社会主义的国际主义及和平主义原则的背叛。

仅仅在几周后，德国对在西部战线迅速取得胜利的希望就已落空。对于密布堡垒地带的法国边境的正面进攻毫无胜算。本来按照施里芬计划应由一支精锐部队从右翼包围并歼灭针对德国布防的法国军队，即通过一场

---

① "城堡和平政策"指德国在一战爆发前后，出于战争动员的需要，国内所出现的搁置内政和经济冲突的重大政治转向。社民党和自由工会也在这期间宣布放弃阶级斗争，一致对外。

规模空前的"坎尼会战"①,法国在数周后便会投降,由此亦可避免两线作战的情况。但这个计划在1914年秋距巴黎不远的马恩河畔以失败告终。姑且不论以毛奇为首的最高统帅部的决策错误在何种程度上导致施里芬计划的失败;而以当时的军事技术水平,在短短数周内要让一个像法国这样的大国投降,是否真的能够实现?这一点显然存有疑问。但无论如何,德国的战争计划都失败了:最终凡尔登战役(1916年2月21日至7月21日)使速战速决的最后一点幻想都烟消云散,更确切来说,短时战争演变为一场总体战。

就在毛奇身体每况愈下,其职务随后由中将埃里希·冯·法金汉(Erich von Falkenhayn,1861—1922)取而代之之际,后来成为第三位执掌最高统帅部的将领保罗·冯·兴登堡(Paul von Hindenburg,1847—1934)及埃里希·鲁登道夫(Erich Ludendorff,1865—1937)则在东普鲁士一战成名。在坦能堡战役(1914年8月26—30日)中,入侵东普鲁士的俄国纳雷夫部队②被悉

---

① 古罗马与迦太基之间爆发的第二次布匿战争中的主要战役,发生于公元前216年。其结果是迦太基人在其统帅汉尼拔的指挥下以少胜多打败罗马军队。这场战役也因此被誉为军事史上最伟大的战役之一,同时也对施里芬的军事战略思想影响重大。

② 即俄军投入坦能堡战役的第二集团军。

数歼灭，这场胜利逆转了原本计划中的战争进程。在按照施里芬计划仅被委以纯粹防御任务的东部战场上，1914年所取得的胜利为一场大规模攻势提供了可能，并在1915年得以成功推进——与之形成对比的则是西部战线陷入了阵地战。德意志帝国能够在大力支持布尔什维克革命之后于1918年3月3日通过签署在很大程度上犹如一纸霸王条约般的《布列斯特—立托夫斯克和约》(*Sonderfrieden von Brest-Litowsk*) 结束两线作战局面，也符合这一逻辑。

然而深刻影响第一次世界大战进程的却是西线的阵地战。在这里，战争以前所未闻的方式将极为惨烈的大规模死亡带到了欧洲。欧洲五大交战国在一战期间损失超过700万的人口，仅德国就有180万。如此损失是一个令人毛骨悚然的自相矛盾的结果：一面是战争的高速工业化推进，一面是阵地战中或多或少的停滞状态，两者互为表里。"西线无战事"成了战地消息中言简意赅的例行公事——这也是埃里希·玛丽亚·雷马克 (Erich Maria Remarque, 1898—1970) 最为出名的战争长篇小说的书名，只不过它掩盖了千千万万被西线的技术装备战消耗掉的生命。被视为决定性战役而开始的战斗并未决定任何事情，而是不得不一而再，再而三地重新投入战斗,尤其是投入新的部队。在这里,死亡本身不再是英雄主义或浪漫情怀,它成了某种无名的日常生活经历,在这种经历中,作为20世纪标志的人类非人化提前出现,并且还得实实在在地忍受这场"最初的灾难"[乔治·F.凯南(Georg F. Kennan,1904—2005)]。

在这种情形下,威廉帝国内部的种种矛盾再次显露出来。受战争的影响,军队指挥权与平民政治集团在宪政上的二元对立进一步激化,并在帝国最后几年越发表现为两个权力中心对峙的局面:一个中心是在帝国国会中由社会民主党、中央党和自由主义左翼的进步党构成的、以改革为导向的议会多数派,在1917年提出了战争各方达成和解与议会民主化的要求;另一个是在由1916年8月29日接替法金汉的兴登堡和鲁登道夫领导的第三任最高统帅部。在关于应该如何继续作战的问题上,也在宪政基本问题上,两派之间出现了严重分歧。然而,在协约国1916年底拒绝同盟国的和解提议,加之1917年1月德国决议实施无限制潜艇战之后,权力的重心越发倾向于最高统帅部一方。兴登堡和鲁登道夫明白自己身后是希望取得"胜利和平"的民族主义势力,且二人会在皇帝有疑惑的情况下给予建议。实际上在1917—1918年期间,他们的权力之大,以至于学者在对此进行研究时都会称之为准军事独裁。如此，由于始终未能调停普鲁士—德意志之间的宪法冲突且各种社会力量在宪政问题上僵持不下，权力被转移给第三方，这在德国既不是第一次，也不是最后一次。首位牺牲者是帝国首相特奥巴尔德·冯·贝特曼·霍尔韦格（Theobald von Bethmann Hollweg）。他其实是反对无节制的战争目标及无限制潜艇战的，然而却缺乏将自己视为代表国会多数改革派意见的"议会"首相的杀伐决断。由于在两股势力中间摇摆不定，使得他在最高统帅部和议会多数派之间疲于奔命，并最终导致其于1917年7月13日下台。这也表明，帝国国会虽已足够强大到可以决定帝国首相下野，但议会多数派依然无法影响新首相人选的选定。帝国的议会民主化又一次无果而终，霍尔韦格的继任者格奥尔格·米夏埃利斯（Georg Michaelis，1857—1936）以及数月之后的1917年11月1日接替他的格奥尔格·冯·赫特林伯爵（Georg von Hertling，1843—1919），同样在政治上唯最高统帅部马首是瞻。

除最高统帅部仅能暂时控制住的帝国内部宪法争议和外部战争目标外，围绕战争共识，裂痕也日益显现，有些方面还越发明显。在政党政治方面，这一点尤其表现在社会民主党身上，该党自一战开战以来就面临着党内反对派不断增多的情况。首先是社民党内部推崇和平、但同时也属于左翼的激进势力，他们认为城堡和平政策是错误的；并最终在 1917 年初从其母党中分裂出去，于 1917 年 4 月 6 日在哥达成立德国独立社会民主党（Unabhängige Sozialdemokratische Partei Deutschland, USPD）。其中的极左翼成立了围绕罗莎·卢森堡（Rosa Luxemburg，1871—1919）和卡尔·李卜克内西的革命团体"国际小组"，在二人从 1916 年起撰写的《斯巴达克信札》（*Spartakusbriefen*）中猛烈抨击最高统帅部及帝国领导层的"帝国主义"政策；同时也反对社民党多数派领导人的"叛变"。1918 年初，在俄国十月革命的影响下，政治骚乱最终扩展到了基层工人。1 月，首先是柏林的金属加工和弹药厂工人爆发较大规模的政治性罢工。兴登堡、鲁登道夫及与他们同一阵营的民族主义右派将此类厌战及希望和平的现象评价为所谓的表面软弱甚至是"后方""瓦解"的标志。随着西线战局越困难，这些声音就越发响亮，而这也构成了日后极具迷惑性的"背后捅刀说"的源起。

相反，协约国在西线取得的优势却开始决定战争走向，且这一优势通过海上封锁在战略上得到保障。封锁导致了（德国）食物供给状况越发严峻，且越来越令人绝望，弹药、燃料和马匹也出现了短缺。同时它使得协约国在空军和坦克方面的技术优势得到持续加强。虽然德国凭借1916年的《祖国援助法》(*Vaterländischen Hilfsdienstgesetz*)调动起所有的经济和社会力量，以弥补其战略上的劣势，但迟至1917年4月6日美国宣布参战后，战争的结果便几乎毫无悬念了。当然在《布列斯特－立托夫斯克合约》签订之后，最高统帅部尚心存侥幸，即在美国完全投入战斗力之前，能够通过一场决战来扭转西线战事：通过与时间的拼死赛跑，英法两国军队或将被迅速消灭在法国境内。

为实现这一目标，德国于1918年早春展开了西线攻势，代号为"米夏埃尔"的行动于1918年3月21日在法国东北部拉开了进攻的序幕。尽管德军的进攻起初取得了几次重大胜利，但却迅速陷入停滞局面，并且其战略目标均未实现。而此时一个矛盾的，甚至几乎是悲剧性的局面出现了，即对实现胜利和平的希望值达到顶峰，失败却已无可避免。俄国之所以被战胜在于它被内部的混乱和一个强硬的和约所打垮；在西线，德国军队也已深入交战国腹地，却未曾有一个敌方士兵踏上过德国的领土。然而，这场战争却又是确确实实输了：整个夏季噩耗不断传来。如今在协约国总司令斐迪南·福煦元帅（Ferdinand Foch，1851—1929）领导下的西线联军转入反攻，对实力业已削弱的德军进行打击。1918年9月，巴尔干战线崩溃。其结果是导致德国盟友投降：首先是保加利亚王国，然后是奥匈帝国。

至此，最高统帅部最后的幻想也已烟消云散，人们终于意识到了战局已回天乏术。鲁登道夫因此在1918年9月陷入长达数日的抑郁之中。然而待他缓过来之后便采取了两个影响深远的步骤，它们不仅加速了帝国的终结，又令之后的魏玛共和国背上了沉重的包袱：鲁登道夫强烈要求起草一个停战协议，并同时要求对帝国宪法进行改革。这位副总参谋长试图以此将这个此时已被公开承认的失败的责任转嫁他人。在外交方面上，他想起了美国总统伍德罗·威尔逊（Woodrow Wilson，1856—1924）那个刊印在最高统帅部公报上至今无人问津的和平方案。而在内政方面，最高统帅部现在转而支持业已争取数年之久，要求对帝国进行议会民主化的提议。这种政治信念转变的第一个后果是导致帝国首相赫特林——他公开宣称自己是改革的反对者——于1918年9月30日下台。随后由自由派的巴登亲王马克斯·冯·巴登（Prinz Max von Baden，1867—1929）组建第一届（也是最后一届）议会制帝国政府。政府事务也由社会民主党、中央党以及进步人民党组成的议会多数派接手。鲁登道夫在1918年10月1日一次面向最高统帅部军官的讲话中坦陈自己借由这一转变所做的盘算。此次讲话对于停战协议的诞生，以及对于帝国的终结而言都具有决定性意义。虽然鲁登道夫为当前的艰难处境列举了清晰的理由：协约国之所以取得突破构成直接威胁，首先是因为他们在坦克上的优势。但"最具决定性的"则是储备兵力。与此同时，鲁登道夫的讲话已公开表露出一种完全不同的论调："我们自己的军队"，据阿尔布雷希特·冯·特尔上校[①]（Albrecht von Thaer, 1868—1957）的日记记载，鲁登道夫当时断定，"可惜已经被斯巴达克社会主义思想的毒流严重污染了。部队已经不再可靠。……我虽已向皇帝陛下呈请，如今也令此类团体进入政府，但我们落到如此田地，主要归咎于他们。我们现在还要眼睁睁看着这些先生进入各部

[①] 一战爆发后，阿尔布雷希特·冯·特尔在西线指挥对法作战，参与了包括索姆河战役在内等多场战斗。1918年4月他进入最高统帅部，担任鲁登道夫曾经出任过的军需总监一职。作为亲历战争的高级军官，冯·特尔在战时撰写的日记成为后世评价第一次世界大战及相关人物如威廉二世、兴登堡、鲁登道夫的重要材料，该日记于1958年由西格弗里德·A. 凯勒（Siegfried A. Kaehler）编辑出版。

委。……他们现在应该自食其果！"这几乎就是"背后捅刀说"的正式开端。

按照鲁登道夫的想法，最有利的情形当然是让议会制的德意志帝国得到一个适度的"威尔逊式和平"，其中既没有胜者，也没有败者。这就解释了最高统帅部向马克斯亲王所施加的最后通牒性质的压力，敦促其向威尔逊提交停战提议。这里不乏讽刺的是，始终拒绝将外交和政治作为结束战争手段的最高统帅部，如今自己寄希望于政治，以防止军事崩盘的后果。然而，这种算计并未奏效，取而代之的则是战争在混乱中结束了。1918年10月3日，马克斯·冯·巴登政府向威尔逊递交了停战与和解的请求，实际上这份请求来得太迟，同时也完全是在紧张不安的军方逼迫下仓促草成的，军方的迫切要求破坏了所有应对谈判所做的外交准备。这场战争的结束方式正如它的开始一样：1914年7月，军官们也是掐着时间好让准备停当的战争措施开始启动，当年他们迫不及待地发动战争，而四年之后，他们也数着停战之前的每一个小时。第一次世界大战的开始和结束都已表明军事凌驾于政治之上的绝对优势，而这正是威廉德国的特点。

第二节　魏玛共和国

在最短时间内转变观念为"驱除"德国在世界大战中的失败阴影做出了贡献。一场针对帝国政治残余及对那些想要开战、领导战争并最终输掉战争的好战势力的深入清算并未出现。相反，魏玛共和国承担着战争失败的责任，而帝制德国却被广大资产阶级冠上民族主义大国和德意志人优越性的迷惑性光环加以神化。

然而，这种追忆往昔荣光的神化又变得十分匪夷所思。实际上，在1918年11月初，并没有人身体力行地去捍卫旧政权免受蜂拥而至的不满情绪冲击。当时对战争仍心有余悸的公众不仅关注国内宪政惊人的发展速度，还关注美国总统的外交照会。而在威尔逊照会字里行间难以隐藏的是，它代表了很多人的想法：威廉二世作为旧政权的代表必须退位，如此，一个民主的德国或能在各个权利平等的民族间缔结和约。这个君主国的命运就此确定，而此前就连皇帝也无法做出这样的决定。11月初，马克斯·冯·巴登政府最终被剥夺了法定执政权，刚刚开始的改革进程汇入了革命的洪流之中。

革命的起因是海军高层命令停泊在基尔和威廉港的远洋舰出海作战。作为德意志帝国挑战英国在世界范围内的海上霸权战略而精心打造的"国之重器",它们在战时却更多扮演着消极被动的角色,基本上注定了停泊于本土海港中作壁上观的命运。但如今由于这场战争不可更改地以失败告终,海军高层在未与帝国政府商量的情况下认为,在最后一刻仍寻求一场海上决战也未尝不可。然而全体水兵拒绝服从命令,因为此时对于无意义被牺牲的恐惧已经在士兵中占据上风,其结果就是拒绝服从和逮捕,最后则演变为公开的军事哗变。直到11月3日,在基尔形成一张由工兵代表委员会(也称"工兵苏维埃"——译者)织就的大网,最终他们在未遭遇明显反抗的情况下就夺取了地方权力。1918年11月5日和6日,叛乱扩展到几乎所有的港口城市;11月7日,慕尼黑爆发革命;11月8日,起义的浪潮席卷了科隆和布伦瑞克,并最终于11月9日抵达帝国首都柏林。

在大规模示威游行的压力下,马克斯·冯·巴登将帝国首相一职移交给多数社会民主党主席弗里德里希·艾伯特(Friedrich Ebert, 1871—1925)。对未来而言,这一移交确保了权力在未来的双重合法性:一方面它维持了政权延续的表象;但另一方面它又明确了革命的权利,尽管依照宪法任命帝国首相被公认为是皇帝的责任。然而,历史就这样急速地跨过了尚在远方温泉胜地冥思苦想的威廉二世：迫于示威群众的压力，菲利普·谢德曼（Philipp Scheidemann，1865—1939）于1918年11月9日下午2时许在国会对外宣布德意志共和国的诞生。长达500年的霍亨索伦王朝就此终结。然而，共和政体的启动却也暴露出政治势力的分裂：就在谢德曼宣告共和国成立两个小时之后，卡尔·李卜克内西在柏林城市宫的阳台上宣告德意志社会主义共和国成立。

在新首相艾伯特的领导下，1918年11月10日组织起了由多数派社民党和独立社民党各占半数的联合执政机关：人民代表委员会。当然真正的权力还是落在多数派社民党及其领袖的手中，并且他们在工人阶级中也毫无异议地拥有极大势力。然而，社民党在1918年秋便已不再是一个革命性政党，至少就其高层而言是这样。多数派社民党和大部分工会在1918年至1919年冬天的政策是力图使现状朝向改良主义的方向发展。他们的主要目标是议会制民主、比例代表制选举与妇女选举权，改善物质生产条件及建设福利国家。

这些纲领性要点业已说明为何社民党在1918年至1919年不再强力推行革命政策，而是尽可能通过一个立宪国民大会谋求（政权）合法性。此外，1918年11月11日签署的停战协议强行要求德国采取大规模的军事复员行动。因未能有序遣散数以百万计的德国军人而产生的严重后果也妨碍了对国内形势进行激进的革命化改造。最后则是令人心生恐惧的俄国革命,它所引发的布尔什维克专政也使得绝大多数的社民党人拒绝以此为榜样。在这种情况下,新政府决定与旧政权的行政和司法,也包括军事机构进行至少是暂时性的合作。1918年11月10日艾伯特与最高统帅部达成了相互承认并建立合作的所谓"艾伯特—格勒纳联盟"[①];同类型还有诸如1918年11月15日成立的"中央劳动共同体"在社会政策上的让步,即《斯廷内斯—列金协议》(*Stinnes-Legien-Abkommen*)。[②]类似于日后才出现的"社会伙伴

---

① 即"艾伯特—格勒纳协定"。威廉·格勒纳(Wilhelm Groener,1867—1939),陆军中将,他于1918年10月接替辞职的鲁登道夫,成为德军最高统帅部仅次于兴登堡的第二号人物。在德皇退位及爆发十一月革命之后,出于对革命的恐惧,艾伯特与格勒纳达成秘密协议,前者同意镇压革命,后者则代表军方表示支持新政权。

② 1918年11月15日,德国企业主协会主席、工业大亨胡戈·斯廷内斯(Hugo Stinnes,1870—1924)与自由工会主席卡尔·列金(Carl Legien,1861—1920)各自代表劳资双方签署了一项旨在实现阶级合作的协议。该一劳资妥协的重要形式便是"劳动共同体"的确立,并成立了一个中央机构(即"中央劳动共同体")专门负责全德工商业涉及的一系列问题。

关系",企业家承认工会为具有平等权利的谈判伙伴,并同意在社会政策方面对后者做出重要让步,例如必须与集体利益的代表(如工会——译者注)签订劳动合同,设立企业工会及实施八小时工作制。

第三个妥协则最终出现在1918年12月16—21日于柏林召开的工兵代表委员会第一次全体大会上。大会遵循多数派社会民主党的意愿作出了最重要的决定:以344票对98票的多数拒绝将代表委员会作为宪法基础及拥有立法和行政权的权力机构;同时还以400票对50票的多数将国民大会的选举放在一个技术上可以尽早执行的日子,即1919年1月19日。

不仅是当时人,也包括后来的研究者都对社会民主党及其领袖人物艾伯特和谢德曼这种与帝国权力精英的联合报以尖锐批评。实际上并不能将工人代表委员会与布尔什维克主义画上等号。当时长期存在这样一种倾向,即认为代表委员会(制度)具备将革命成果强力转变为德国社会实现"基本民主化"的潜力。与此同时,人们也指责社民党领导人对于布尔什维克主义过度夸张,甚至"神经质"的恐惧。但是,采取一种不同于艾伯特/谢德曼政府不妥协态度的方式,是否就能保障革命向民主—法治国家过渡?从民主层面来说,任何一个革命事实都是不合法的，其实质都是一种独断的行动，几乎完全无益于提高魏玛共和国的包容性。而从资产阶级的立场出发，这一不具备民主合法性的社会主义化进程先例则更被认为是对法律最严重的破坏，它可能促使反革命势力采取比现有的局面更为强势的行动。因此确切来说，在1918年至1919年冬季这个动荡的过渡阶段，如果不同意经济与社会政策上的准强制行动推动了德国实现和平，那么对于魏玛共和国来说，因为执政政策造成的无可避免的巨大失望就会构成一种沉重的负担。

从1918年12月中旬开始介于对革命进程的失望和反革命动员之间的鸿沟日益加深。在这种形势下，多数社会民主党和要求"继续推进"革命的独立社会民主党的联盟必然走向破裂。自1918年年底起暴力冲突越来越频繁。一方面是左翼极端分子继续放肆地进行反政府煽动，另一方面则是新成立的自由军团极其残暴的手段。以"一月起义"为起点——1919年1月15日，罗莎·卢森堡和卡尔·李卜克内西在起义中惨遭杀害，德国在1919年上半年不止一次进入形同内战的态势。其中包括1919年3月柏林试图举行革命总罢工，但遭到武力镇压；1919年5月初慕尼黑苏维埃共和国被消灭；在帝国的许多其他地方，也发生着众多骚乱与起义。虽然国防部长、社民党人古斯塔夫·诺斯克（Gustav Noske, 1868—1946）领导下的自由军团是反对左翼极端政党起义的一件有效武器，但自由军团尚未永远效忠共和国，实际上它们用以镇压地区性起义的手段常常过于极端。因此当政治在双方眼中简化为一种肉体上的敌友关系时，仇恨引来了仇恨，而暴力则招致以牙还牙。

1918年至1919年间的革命史表明，德国社会与政治在战前就已背负的种种特殊负担很大程度上在世界大战结束后继续存在。社会的鸿沟、世界观的矛盾以及政治上的阻碍如此之深，而由一战战败及苛刻的《凡尔赛和约》而产生的外交负担又是如此之重，以至于完全不能对一气呵成实现国家建立与社会未来蓝图构想抱有期望。如此一来1919年就不可避免地变成了失望之年。对此，这个年轻的共和国本身仅需承担极小部分的责任，但从一开始她就承受着终其存在的短暂历史都无法消除的合法性匮乏之苦。

同样，魏玛宪法也缺乏合法性。其缔造者们（其中包括少部分女性）明白，这个新生的共和国既缺乏历史合法性，又缺乏将议会制作为政体的实践经验。为此，魏玛国民大会小心谨慎地对宪政的重心进行了分配，以保证一种广泛的民主参与及社会和政治力量均势。宪法缔造者在他们的作品中将不同的民主模式相互联系起来：体现在国会中的民主代表制原则；通过直接选举产生国家总统从而使这一官职人格化的总统制；最后则是直接民主模式，它在国家层面明确了人民请愿与公投的机会。然而，无论这样的民主设想在理论上如何无懈可击，它在实践中的运作却始终困难重重。对于很难做到接纳现代大众社会多样性区别且常常消极应对机构化的统一与公共福祉观念的德国政治文化而言，原本一项重要的训练是通过议会来强制推行政治决策。但得到宪法认可且在国民议会中占有一席之地的政党，却由于种种重大的政治现实问题而逐步丧失他们在议会中的重要职能：例如议会组建政府并执政的职能，以及以议会反对派的形式始终做好替代政府准备的职能。尽管在相对稳定的共和国中期，魏玛的议会制度在相对不受严峻外交考验与内部生存危机影响下有所发展，但它在功能上的缺陷也是显而易见的。此外，国家总统一职的设立也助长了这样的幻想，即总统才是真正意义上国家的代表，而不仅仅是以共同福祉为己任的超党派机构。当1925年兴登堡当选总统之后，宪法所赋予总统权力有多宽泛，就在同等程度上助长了反共和主义者对于复辟和反议会制的幻想。

由此，介于执政的国家权力机关与议会原则之间传统的二元结构重新出现。但事实上，这种二元结构只是对业已损害威廉帝国宪政的政治与社会权力均势的复制：那些持开放而积极态度面对西方民主立宪国家模式的势力，从魏玛共和国中看到了一场巨大的政治进步；如果这一结构由资产阶级中的自由派、社会民主党以及天主教政党中的民主派别长期占据的话，那么这些所谓的功能缺陷就很难构成危害。但在当时，恰恰缺乏的是让大多数德国人适应政党国家和议会民主制的时间以及可能的政治影响力。

这一缺陷随着魏玛共和国失去一批过早逝世的民主派高级政治家而越发明显。被很多人寄予政治厚望的第一任总统弗里德里希·艾伯特，1925年2月死于一场延误治疗的阑尾炎。艾伯特的主要优点在于他显而易见的实用主义政见及承担政治责任的决心。正是这两点帮助他在政治中间派中为自己及共和国赢得了不可或缺的信任。当然，这种信任的代价便是招致各党派极端分子的仇恨。共产党和其他左翼极端分子给他贴上了背叛工人阶级的"叛徒"标签，而右翼极端分子则指责他作为社会民主党主席在一战中犯下了叛国罪——在战争中连失两子的"叛国行径"！这构成了1924年至1925年对艾伯特旷日持久的侮辱，但也充分说明魏玛司法体系的政治导向性很大程度上存在问题，即使是艾伯特本人也未能幸免。

早在1919年8月，德国民主党（Deutsche Demokratische Partei，DDP）主席弗里德里希·瑙曼便以59岁之龄溘然离世，当时很多人还期盼着他能为自由主义政治开启一个新阶段。而代表民主的德国的其他人士则一再成为政治谋杀的牺牲品，例如属于中央党左翼，并在魏玛共和国早期历史中写下浓墨重彩一笔的马蒂亚斯·埃茨贝格（Matthias Erzberger，1875—1921）。他曾是战时国会改革多数派的代言人，也是1918年德国签署停战协定代表团中的文官领袖，最后他成为国家财政部长，为德国财政现代化做出重大贡献。但这一切都使得他成为共和国反对者仇恨所指的具体代表。当他成为一场政治运动（"让埃茨贝格滚蛋"）的靶心长达数月之久之后，最终于1921年8月遇刺身亡。

同样的命运在一年之后也降临到德国民主党政治家和外交部长瓦尔特·拉特瑙（Walther Rathenau，1867—1922）的身上。他是成功的企业家，是受过教育的作家，并最终成为魏玛共和国的高官，没有人能像拉特瑙那样体现着被同化德国犹太人的成功，但这对于受反犹主义陈词滥调支配的反对共和国的右翼而言，便又多了一条额外的理由，这个"妥协政治家"应该为德国人在世界大战、革命以及凡尔赛和约中所遭受的不幸负责。

古斯塔夫·施特雷泽曼（Gustav Stresemann，1878—1929）是魏玛共和国最重要的政治家之一，他在1914年以前就以民族自由党（Nationalliberalen Partei）议会党团主席的身份在国会扮演过重要角色。作为一战期间以主张领土吞并政策而闻名的政治家，起初他很难在魏玛共和国的政治土壤中站稳脚跟，但最终，他却比其他任何一位政治家都能更好地代表一部分德国资产阶级的转变，他们从主张帝国扩张的威廉时代观点转变为从根本上接受共和国，同时在外交上达成互相谅解的意愿。实际上和魏玛共和国的所有政治力量一样，施特雷泽曼也是一位有着一定长远外交目标的调整派政治家。然而他比其他人出众的地方在于其突出的能力和决心，即立足于现实，并以此为出发点与从前的战争敌人法国在尽可能局促的合作中寻求建设性解决方案的能力和决心。作为外长，施特雷泽曼使魏玛共和国自1923年起重获国际认可，将其带回到权利平等的谈判伙伴关系之中，并最终使之于1926年加入国联。施特雷泽曼因此于1926年与私交亦甚笃的法国外长阿里斯蒂德·白里安（Aristide Briand，1862—1932）一起荣膺诺贝尔和平奖。

而被认为是施特雷泽曼职业生涯最大成就的则是1929年他使协约国军队提前撤出被占领的莱茵兰地区。但此举也完全暴露出（德国对）德法和解及魏玛共和国政局的矛盾心理。作为报答，德国政府签署了"杨格计划"（Young-Plan），这是一项规定了按年支付直至1988年的长期赔款计划。这一计划在法国被认为完全是对过去的战争敌人令人匪夷所思的宽容；而在德国，该计划的签署又重新激起了民族主义右翼分子的狂热。德意志民族人民党（Deutschnationale Volkspartei，DNVP）主席阿尔弗雷德·胡根贝格（Alfred Hugenberg，1865—1951）、钢盔联盟①及阿道夫·希特勒（Adolf Hitler，1889—1945）发起了反杨格计划的公投，叫嚣着要让德国主张和解的政治家锒铛入狱，虽然这一公投行动仅争取到13.8%的选民，但政治气氛却因此恶化，并且也第一次为希特勒提供了一个全国性的表演舞台。而作为德国人民党主席的施特雷泽曼，本来已经难以号令其政党

---

① 全称为"钢盔前线士兵联盟"（Stahlhelm, Bund der Frontsoldaten），是于1918年12月由参战的前线官兵所组成的士兵团体，并逐步成为德意志民族人民党的准军事组织。

从始至终坚持议会政体，后来又被共和国日常政治中的暗流涌动搞得精疲力尽。1929年10月3日，施特雷泽曼因中风逝世，年仅51岁，而就在此前一天，他仍强撑着在激烈的党团会议坚持表达自己的观点。

弗里德里希·艾伯特、马蒂亚斯·埃茨贝格、瓦尔特·拉特瑙和古斯塔夫·施特雷泽曼——他们都是民主政治精英的代表，他们视共和国事务为己任，并愿意在极其困难的条件下，面对极其激烈的抵抗，仍推行其实用主义的务实政策。但他们这样或那样的努力均以夭折而告终，这对魏玛共和国而言，是难以弥补的损失。

但仅将目光集中在人的身上并不充分。魏玛共和国最大特征还在于，长期流传下来的德国政党体系在这一时期分崩离析。一旦执政党不以危言耸听的思想体系显山露水，而是极力争取可承受的妥协让步，支持他们的魏玛选民便不会买账。尤其令社民党感到震惊的是1920年6月6日的国会选举，其得票率从37.9%下降至21.7%。但首先被逐步淘汰出局的是自由主义政党、德国民主党和德国人民党（Deutsche Volkspartei, DVP），相比其他政党，它们更难就紧迫的社会、经济问题给出有说服力的答案。自由主义党派当时面临着党员群体有形与无形的萎缩，他们中转向激进程度不一的解决方案的人数要远远超过民主主义政党（的党员）。其结果便是德国民主党率先戏剧性地几乎全军覆没，不久之后德国人民党亦步其后尘。这两个自由主义党派的总得票率从1919年的23%到至1928年的13.6%，至1932年时仅为2.2%。

但在1928年5月20日的国会选举之后，除了魏玛政党体系的自由主义基石之外，其保守主义的基石也遭到了侵蚀。1918年作为汇集所有保守力量和政党而成立的德意志民族人民党，起初是一个无条件反宪政、反（现行）体制的政党，它因拥护君主制、反对议会制及（擅长）反犹主义煽动而"独具特色"。因此，该党在魏玛共和国成立伊始就收获颇丰。一方面在魏玛宪法框架下，保守政党政治活动空间因此得以扩大，而这一活动空间被其政党领袖库诺·冯·韦斯塔普伯爵（Kuno von Westarp，1864—1945）利用，参与到组建政府之中。但另一方面，伴随而来的妥协让步也招致了党内右翼势力的猛烈批评。当1928年选举以德意志民族人民党的惨败而告终时，一场有关（党内）保守实用主义者和"原教旨主义者"之间爆发尖锐冲突原因的争论被激化。最终，以新当选的党魁胡根贝格为中心的后者取得了胜利，这就导致了德意志民族人民党的分裂和进一步的（选举）

失败。在1930年9月14日的国会选举中，该党仅获7%的选票。

总体上可以明确，魏玛政党体系不仅是因为背负着威廉帝国君主立宪制的残余，还在于它的两大基础——资产阶级自由主义和保守主义遭到侵蚀，从而引发体系崩溃。扎根于各自代表（社会）群体的天主教政党与社民党则相对较好地抵制住魏玛共和国的种种危机，二者受纳粹主义的影响亦最少，但新教资产阶级党派的抵抗力则被证明过于低下。由此，魏玛共和国不仅缺乏政治中间派，确切来说是缺乏一个与现存体系并行不悖的右翼反对党，它原本可以始终拿出政府替代方案，并由此实现民主政党轮流执政的"正常化"。

但魏玛共和国的这些政治分裂与阻碍，常常反映在极端的经济困境、巨大的社会对立与深刻的文化矛盾上。魏玛共和国还集中了大量为短期危机所推波助澜的长期问题，这些问题在威廉帝国就已经出现，却被当时人混为一谈。总的来说，魏玛共和国所缺乏的不仅是赢得政治合法性与议会制常态的时间，还缺乏原本可以提供必不可少的国家财政的经济增长率。在整个20世纪20年代，经济发展都举步维艰。因此，直到1928年才达到了一战前的工业生产水平，但随后从1929年底开始,世界经济危机的后果就已显而易见。尽管1918年至1924年间的通货膨胀和货币稳定并未使国民经济总量造成损失,但却引发了一场规模巨大的财产再分配。

遭受最严重损害的是那些爱国的"小额年金养老者",他们在漫长的职业生涯中积累下一笔财产,这一资本收益一般可以确保他们安度晚年。然而,他们在一战期间毫不犹疑地认购了随着通货膨胀急速贬值的战争公债,而恶性通货膨胀不仅使利息收入变得极低,更在短时间内将本金化为乌有。不少小额年金养老者变得贫穷不堪,不得不踏进福利救济所的大门——就小资产阶级的心态而言,这意味着跌入社会地位丧失与蒙受耻辱的深渊。因此,对于这些人及有着类似遭遇的社会群体而言,通货膨胀无异于一场无偿的财产剥夺,如何指望他们能特别忠诚于共和国呢?通货膨胀也破坏了劳资双方的平衡,给工会组织造成了过重负担,却让部分企业家阵营捞到了好处。事实上,1918年11月成立的"中央劳工共同体"在1924年就因通货膨胀而破裂,从而导致了之后工业领域劳工关系的长期紧张。

此外,还有贯穿于所有社会阶层的代际矛盾。一般情况下,代际冲突或多或少都能轻松克服,但在魏玛共和国这一冲突却尤为根深蒂固,并且额外受到政治的影响。这首先存在着纯粹结构性的原因。1925年时14—25岁年龄段的人口接近25%。他们涌入本就人满为患的劳动市场，并时常感觉自己是完全"多余的"一代。他们在20年代的失业率就远高于平均水平，对于很多受过大学教育的青年知识分子与年轻工人来说，进入劳动市场并因此通向一个正常职业生涯的大门似乎始终紧闭。由此，社会性的代际冲突很快演变成了政治性的代际冲突，在冲突的过程中年青一代越来越倾向于极端的政治主张，并且一部分人不再畏惧暴力行动。

尽管魏玛共和国完全考虑到了经济与社会发展的不可预估性，但它毫无能力去提高自身的合法性和接受度。例如魏玛宪法关于德国人"基本权利和义务"的第二部分实际上记录下了围绕工业社会中现代个体生存问题的讨论是如何紧张与严肃。这一系列基本权利与义务可以被解读为"大杂烩"，不同党派都将自己的基本主张写入其中，他们出于自身文化身份的考虑，希望赋予这些主张以宪法地位。但同时，魏玛宪法的第二部分也反映了国民大会为提高未来民主政体的社会合法性所采取的真诚努力。这恰恰是因为宪法立法者心知肚明，德国人对于西方式的议会制实践尚且生疏，国家行为的实质性目标应当有助于保障整个国家的社会和文化凝聚力。

从这个意义上来说，魏玛国民大会与人民代表委员会的基本政策方针一脉相承。前者建立起一种现代集体劳动权益与企业雇主代表的基础。由帝国和一战所推动的福利国家干预机制得以继续发展，魏玛宪法则进一步拓展了这一可能性，例如将对劳工市场的调控管理能力让渡于国家。新设立的机构如"国家职业介绍和失业保险局"，以及经过长期准备、于1927年才正式启动的失业保险，是一项真正的社会福利政策创新。如此一来，魏玛共和国与英国一同名列欧洲福利国家（Sozialstaat）前茅。在1924—1928年相对平稳的中期阶段，福利国家加速扩张，并从传统慈善救济扩大为现代社会救助。所有这一切都源于这样一个基本认识，即有劳动能力和工作意愿的人所遭遇的贫困并非由他们自己造成，而是由依赖经济发展的现代工业社会触发了大量新的生存危机。因此，福利国家干预不仅要致力于平衡各种社会利益，还要将贫困危机减至最低程度。

但这些面向未来，并对德国历史产生长期影响的社会政策努力却无助于魏玛共和国巩固其合法性。一方面，魏玛福利国家延续了帝国传统，其内在是倾向于一种威权主义，但它又是由德国社会中种种引发冲突的偏差所决定的。这样一种威权进程的显著例子就是自1923年起越发频繁使用的强制仲裁手段,它不断削弱着劳资双方的自主性。而与之密切相关的另一方面则是魏玛共和国承担起了实现社会平衡的重任,这就招致了利益受损者的强烈批评。例如,1928年鲁尔地区的重工业企业雇主联合抵制国家劳动部的一项具法律约束力的仲裁决议,这不仅是"鲁尔钢铁大罢工"的导火索,也是一份解约声明,它从根本上宣布不再效忠这一日益失去"工会国家"资格的民主政体。最后,世界经济危机期间的魏玛共和国更被证实是一个负担过度的社会福利国家,它并不具备解决各种社会和经济问题的必要资源。

在当时,经济发展危机初现并随之在两战之间形成社会对立,并不仅限于德国一个国家。而在其他国家,对于政党、议会和政府调控能力及解决问题能力的要求也达到了前所未有的高度。因此,用经济危机、失业和大众的贫困作为解读最终终结于希特勒的德意志特殊发展道路的论据并不充分。更确切来说,德国发展过程中的特殊性在于它集合了欧洲普遍存在的共性与(德意志)民族的特殊个性,亦即它交织于危机经历与特定的文化阐释模式。因此,在魏玛时期的文化和科学中就能观察到一种明显的狭隘民族主义趋势:无论是由新教牧师和神学家广泛传播的本民族历史中神迹自现的观点,还是为推动所谓"德意志"物理学的努力——这样的例子比比皆是。此类狭隘举动时时证明着人们很容易受以民族主义甚或是种族主义之名出现的意识形态的影响，当然并非所有这些思潮都产生出纳粹主义，在多数情况下，在精英的理性主义和平民的纳粹运动之间存在着一道至少看上去不可逾越的鸿沟。但是希特勒和纳粹党明白，在德国人的文化优越感尚存的情况下，强调数百万人社会地位降低的经历与提出大规模的民族耻辱感具有同样的煽动性。

由于唤起了几乎所有社会群体对社会、民族和文化的痛苦感受，纳粹党得以打破传统的派系与阶层壁垒，一举成为德国第一大党。从1930年起，纳粹党在魏玛共和国支离破碎的政治文化中——当然是在政党体系被瓦解之后——获得了惊人的选举胜利。事实上，鉴于纳粹党在所有社会阶层和群体中均大获全胜，人们在它身上已经看到了一个"全民反对党"，然而绝大多数投向纳粹党的选票来自新教徒和工商业中间阶层。

希特勒的崛起在很大程度上都归功于他本人也无法左右的各种前提条件。这些条件不仅包含了自由派和保守派政党的危机，更确切来说是源于迟至1929年起获得权力的政治势力，这股势力围绕在年逾耄耋的总统兴登堡身边，以去议会化为目标，力图改变魏玛宪法的权威性。这一努力的核心转折点在于提拔了国防军将领库尔特·冯·施莱歇尔（Kurt von Schleicher，1882—1934），此人在 1930 年海因里希·布吕宁（Heinrich Brüning，1885—1970）当选总理的过程中发挥了至关重要的作用，布吕宁因此成为首位完全听命于总统的总理。有关大联盟（政府）在 1930 年 3 月走向终结①到底是一种必然抑或可以避免，是疏忽所致还是别无选择，是学界最早探讨的争议之一。尽管从策略上来说，毫无疑问是社会民主党不幸背上了致使大联盟崩溃的"黑锅"，但不能就此无视 20 年代末贯穿于所有资产阶级政党中的一种明显的右倾趋势。德国人民党议会党团及以施莱歇尔为核心的（政治）团体迫切希望建立一个没有社民党参与，甚至是反社民党的政府。因此，再也没有

---

① 魏玛共和国建立之初，由于代表工人阶级利益的社民党、代表左翼自由资产阶级的德意志民主党以及天主教中央党在国内占据多数，形成了三党执政的"魏玛联盟"。大联盟则是在此基础构成了从左翼的社民党到右翼的德意志人民党的泛政党合作，它主要出现在 1923 年施特雷泽曼内阁与 1928—1930 年第二任米勒内阁时期。1930 年 3 月，在世界经济大危机的背景下，这一联合内阁围绕失业保险金的提案出现重大分歧，大联盟政府因此彻底破裂，社民党籍的米勒也于 3 月 27 日正式辞去总理职务。

人真正试图通过共同达成议会决议方式解决重大财政问题,而在3月15日取代社民党人赫尔曼·米勒(Hermann Müller,1876—1931)内阁的新总理布吕宁则获得承诺,在需要时可动用魏玛宪法第48条赋予的紧急法权力。当年夏天,当国会利用其符合宪法规定的权力,要求取消布吕宁的紧急法时,那些旨在为总统专政铺平道路的宪法条款组合也随之粉墨登场:兴登堡根据魏玛宪法第25条解散国会,宣布重新进行大选,布吕宁政府则利用随后的无议会时期重新颁布一项稍加改动的紧急法,议会对于紧急法的监督权也就此取消。

这一事件与大联盟破裂一同成为魏玛共和国历史上影响最深刻的重大事件。获得总统支持的布吕宁成为反国会的战斗总理,他将斗争矛头指向德国议会制,并始终致力于瓦解宪法。1930年9月14日不得不举行的新一轮国会选举则证明了这一决策的灾难性。纳粹党毫不出人意料地从一个小党跃升为议会第二大党团,此时越发叫嚣着煽动国会反对民主。而在不断增长的大规模失业正发展为全社会灾难的背景下,德国政治陷入风雨飘摇的境地并成了公开的国家危机。早已为人知晓的政治阻碍势力因此再一次清晰地显现出来:当一部分政党无论如何都想要拯救这个民主宪法国家,例如社民党甚至不惜在议会中忍受布吕宁的紧急法政权；而另一部分政党则致力于使德国宪法发展向专制复辟转变。但除此之外，希特勒与他的民族社会主义群众运动已经准备好用自己的方式来克服新一轮的宪政僵局。

在此背景下，布吕宁的总理任期表现为一种双重努力的特征：在外交上，他想方设法使协约国相信德国人没有支付能力，并以此强行终止战争赔款；在内政上，他将一切事务都置于这一目标之下，并毫不犹豫地通过采取财政紧缩措施与一个极为强硬的通货紧缩政策，进一步激化经济危机，不断增加的大规模贫困因此在一定程度上为德国缺乏支付提供了实证。事实上，布吕宁差一点就能实现自己的外交目标，但停止战争赔付的胜利果实却于1932年7月落入其继任者弗朗茨·冯·巴本（Franz von Papen，1879—1969）的手中。尽管布吕宁后来认为自己在"距离目标100米处"失败了，但这一表述显然是有问题的。因为从宪政角度来说，恰恰是他参与创造的条件，使得自己在1932年5月作茧自缚：通过进一步排挤国会，他同时也完全依赖于高龄德国总统日渐令人捉摸不透的意志。虽然布吕宁在1931年底至1932年初以他全部的政治权势作为砝码，以确保兴登堡再次当选（总统），但由于社民党也参与了选举投票，这就让兴登堡本人及与所有长期以来与他一起承诺建立一个"反马克思主义"政府的人深深感受到了伤害。在兴登堡看来，这一缺陷必须尽快弥补，为此甚至不惜更换总理。

尽管1932年6月1日新任命的弗朗茨·冯·巴本政府是完全按照兴登堡的喜好组建起来的一届内阁，但它几乎毫无社会基础与议会根基可言，这对于1950万选择兴登堡的选民而言，无疑是一种挑衅。库尔特·冯·施莱歇尔成为新的内阁实权人物，他不仅筹划了本届政府，此时又接手国防部。冯·巴本则通过越来越肆无忌惮跳过国会——更确切来说是反对国会——的政治活动，最后通过"普鲁士政变"——1932年7月20日暴力罢黜普鲁士执政的"魏玛联盟"，进一步破坏魏玛宪法结构。而许多试图通过新选举来稳固议会执政根基的尝试，在1932年的夏、秋均以失败而告终。国会两次遭解散及随后于1932年7月31日与11月6日举行的重新选举，其结果仅仅是在议会中形成了一个消极的、由反宪法派政党组成的绝对多数：纳粹党以37.4%（11月为33.1%）的得票率一跃成为第一大党，而德国共产党的得票率则提高至14.5%（11月为16.9%）。

因此对于冯·巴本政府来说，在1932年11月尚存有两种选择：一是试图组织一个包括纳粹党在内的议会多数，然而这一设想在希特勒那里碰了钉子，后者要的是掌握全权。第二个可能则是再次解散国民议会，但不公开重选，但这就等同于带有政变性质的公然违宪。实际上，在1932年11月，这一问题被广泛讨论。兴登堡最终同意与其亲信冯·巴本一起在过渡时期实行完全的总统专政，并共同充当宪法担保人。但施莱歇尔无法接受这种完全缺乏群众基础的独裁。于是他再一次策动了针对现总理的阴谋，逼迫冯·巴本下台，并于1932年12月2日自己接手总理一职。

但在总统看来，选择施莱歇尔所面临的宪法风险较小。因为这位新任总理不同于冯·巴本，并无激进政变或改组政府的打算。当然施莱歇尔在上任伊始也并非全无计划：他试图重新通过吸收至少部分纳粹党员及广大社会力量（例如工会），为总统制政府赢得群众基础。这个被称为"横向阵线"方案的目标有二：在宪法与内政方面，政府要更好地立足社会，同时避免宪法崩溃；在经济与社会政策方面，则要中断紧缩政策，通过推行更强势的扩张型财政政策并创造工作岗位来对抗危机。然而，原本（施莱歇尔）可以争取到几位全德工会联合会的高级干部（入阁），但社会民主党对此却予以明确拒绝。因此社民党方面这张反对社会民主主义的工会领袖参与组建政府的反对票,就使得施莱歇尔的计划落空。

纳粹党内部有关是否参与政府的争论则更富戏剧性。在有了早期谈判屡因希特勒"要么一切要么一无所有"的苛刻态度而以失败告终的经历之后,施莱歇尔现在寄希望于分化纳粹党,使其部分成员转而与自己联手。原本在1932年12月出现有利于这些考量的时机:纳粹党内因为1932年11月6日的国会选举大败而弥漫着一种沮丧情绪,然而时任国家组织部长格雷戈尔·施特拉塞尔(Gregor Straßer,1892—1934)——他是纳粹党中仅次于希特勒的二号人物及该党"左"翼的代表——却拒绝了施莱歇尔于1932年12月4日提出任命其为副总理的邀约。在此之前,在纳粹党的领导集团内部也曾有过相关的激烈讨论,在此过程坚持要求权力最大化的希特勒又一次获得成功,而施特拉塞尔则放弃所有党内职务并退出政坛,之后他和施莱歇尔一样于1934年6月30日沦为希特勒复仇行动的牺牲品。①

---

① 施特拉塞尔在与希特勒的党内斗争失败后,于1932年12月8日辞去所有党内公职,但仍保留纳粹党员身份。他与施莱歇尔均死于由希特勒发起的旨在清算冲锋队及旧政敌的政治处决行动。这场政治清算发生在1934年6月30日至7月2日,史称"长刀之夜"。

因此,施莱歇尔的"横向阵线"方案在准备阶段就已告失败。但与此同时,在1932年底陆续经历图林根和萨克森的地方选举失利后,纳粹党似乎也陷入穷途末路。将希特勒从这种几乎绝望的境地中拯救了出来的人是弗朗茨·冯·巴本。当施莱歇尔感觉自己越来越被孤立,虚荣心受到伤害的冯·巴本则对总理怀着复仇的渴望。在魏玛宪法遭破坏而出现的真空期,原本在一个正常运行的民主国家无法达成的意义,如今却实实在在地体现于单个个体的行动之中。冯·巴本与希特勒的关系在二人于1933年1月4日在科隆会面之后变得更为紧密。双方打算组建新的政府,由希特勒出任总理一职,但实际上是要建立一个由二人担纲的"双头制",将施莱歇尔排除在外。就在这一会面被公之于众之后,冯·巴本立即得到了易北河东部的大地主、国家农业联合会以及部分企业主阵营的支持。这些人共同向兴登堡施加影响力,由总统之子奥斯卡·冯·兴登堡(Oskar von Hindenburg,1883—1960)及总统府国务秘书奥托·迈斯纳(Otto Meißner,1880—1953)代为穿针引线。其结果是兴登堡不仅拒绝了总理援引魏玛宪法第48条[①]的要求,同时也拒绝授予其再次解散国会的权力。

---

① 该条款对总统在紧急状态下拥有独裁权做出了规定。

这样一来就决定了施莱歇尔的命运，而对冯·巴本与希特勒来说，前路则变得畅通无阻。1933年1月30日，希特勒被任命为帝国总理，但此前他已经从各类事态发展获益匪浅。尽管希特勒知道，为了在内政方面行使自己的权力，就需要将总统制和议会制的要素巧妙结合起来，但魏玛共和国的宪法构架已经遭到了破坏。而在外交法方面，伴随着协约国部队提前撤出莱茵兰地区，1932年洛桑会议明确终止战争赔款，以及最后协约国原则上同意德国军备政策上拥有平等权利（1932年12月11日），《凡尔赛和约》那些最令人窒息的假设被一一消除。除此之外，至1933年初，经济危机也已度过了最困难的时期。在总理办公厅的抽屉里则已经放上了有关创造就业岗位，能为希特勒政府所用的详细计划。与此同时，冯·巴本及其保守派伙伴企图"驯化"希特勒的盘算，注定要失败了。

第三章
独裁统治与第二次世界大战（1933—1945）

第一节 纳粹政权时期的统治与社会

"驯化计划"的主人公们很快就作茧自缚，这可能比他们所能想到的速度还要快很多。用类似"撇除渣滓"的方式净化纳粹主义群众运动并使其为己所用的打算，仅在数周之后就已被证实是重大误判。在被希特勒利用完毕之后，胡根贝格和冯·巴本先是遭到这位新"元首"的威胁及玩弄，最终被没收实权。

1933年的头几个月就是一出戏，它揭示出过去的政治手腕在对抗肆无忌惮的无赖行径时是如何地束手无策。虽然在新内阁中，除希特勒担任总理之外，纳粹党人仅占有两个部长席位,但却是涉及内政的关键权力部门:威廉·弗里克(Wilhelm Frick,1877—1946)接管内政部,"不管部长"赫尔曼·戈林(Hermann Göring,1893—1946)作为代理国家专员负责普鲁士的内政部。这不仅确保希特勒政府拥有对国家和普鲁士内政机关的主管权限,而且还让它可以直接动用重要性仅次于国防军的国家统治工具:普鲁士警察。尽管副总理冯·巴本、主管经济和农业的"超级部长"胡根贝格在当选之初还确信自己在新内阁中扮演着重要角色,然而,与前两者相比,这些显然毫无意义。不久人们就不可避免地认识到,国家权力已经转移到一个不受政治、法律和道德准则约束的人手上。

此外,内部权力集中到纳粹党人手中也使得1933年春旨在为独裁统治铺平道路的钳形运动成为可能。下层纳粹群众运动的恐怖压力与上层立即投入运作且目标明确的人事及新闻政策交错出现——例如在城市,纳粹党人和冲锋队强迫人们定期升纳粹党旗,占领市政厅,最后则是罢免具民主合法性的地方民选官员。但市长们反对类似非法行径的抗议却在国家监察机关那里吃了闭门羹,后者或受到恐吓,或已纳粹化,或是与之同流合污。

与此同时,希特勒则坚定地朝着独揽大权的目标而努力。为此，他要的是一个不依赖总统的地位，但事实上这一地位只能通过议会实现其合法化，而此前魏玛宪法已经遭到破坏，这就显得尤为荒谬。早在1月31日，希特勒就在一个重要议题上耍了他在内阁的保守派同僚一把：他背弃胡根贝格的意愿，再次解散国会，实行改选。这位新任总理希望能取得绝对多数选票，如此他便能确信这将是最后一届国会选举。至少在这一点上，他明白自己与他的内阁成员是有共识的。

1933年3月5日的国会选举业已显示了纳粹恐怖的迹象，但同时也是在一种被纳粹宣传掩饰、跃跃欲试的气氛中举行的。在此背景下，一个突出的事实却是：即便如此，也只有不超过一半的德国人——即43.9%的选民将选票投给了希特勒。这让希特勒感到失望：为了在国会取得获准修宪的"授权法"所需要的三分之二多数票，他不得不与除盟友外的中央党合作，该党凭借11.2%的选票始终占据着较为重要的地位。①

毫无疑问，如果纳粹党人没有取得合法地位，他们既不可能见容于行政、司法部门及国防军的权力精

---

① 1933年3月5日的国会选举结果为：纳粹党288席，社民党120席，共产党81席，中央党73席，由德意志民族人民党实际控制的"黑白红斗争阵线"52席，其余党派共33席。

英，更得不到后者的支持。然而纳粹党人一步步保障权力的过程不仅与魏玛宪法精神背道而驰，而且还不止一次地违反了现有的成文法。首先是 1933 年 2 月为反对政敌、共产党人、社民党人及犹太人而采取的恐怖措施。1933 年 2 月 28 日颁布的《国会纵火法令》①(*Reichstagsbrandverordnung*) 作为取缔（宪法规定的）基本权利并贯穿整个纳粹政权统治时期的法令，仅仅为上述措施披上一层薄薄的合法外衣。同时还涉及操纵议会决策过程，希特勒正是要借此摆脱对总统的依赖。因此 3 月 5 日的选举便已笼罩在恐怖阴影之中。而 81 名当选的共产党籍国会议员，尽管拥有宪法规定的豁免权，却已无法行使权利：当国会于 3 月 22 日召开会议，他们或已踏上逃亡之路，或锒铛入狱，或转入地下工作。但纳粹党却在会议流程中耍了一个得到中央党默许的花

---

① 为《保护人民和国家总统令》(*Verordnung des Reichspräsident zum Schutz von Volk und Staat*) 之别称。1933 年 2 月 27 日晚柏林国会大厦发生火灾，经警方调查发现是一个名叫马里努斯·范·德·卢贝的失业工人人为纵火所致。希特勒及纳粹党方面认为这是一起由德国共产党策划的恐怖事件。次日，总统兴登堡签署了总统令，即《国会纵火法令》。该法令被认为是德国从共和政体转向纳粹一党专权的重要风向标，而共产党人也因此率先成为纳粹党大规模政治和人身迫害的对象。

招，上述共产党议员被悉数计为"出席"，如此就达到了必要的法定人数。

剩余的事情便交织着恐吓、蒙蔽和诱惑。3月23日，冲锋队包围了国会正在召开重要会议的克罗尔歌剧院①（Kroll-Oper）——这是对法律禁区规定的公然违背。尽管在中央党籍议员是否寄希望于一个希特勒承诺的协定的问题上至今仍有争议，但至少大多数中央党人——也包括德国人民党和德国国家党（Deutscher Staatspartei，即此前的德国民主党）——相信，可以通过对授权法投赞成票防止"更糟糕的事情"发生。这样一来，只有社民党党团发出了表达反抗的最后信号。"可以夺走我们的自由和生命，却夺不走我们的尊严。"社民党主席奥托·韦尔斯（Otto Wels，1873—1939）的这番话虽勇气可嘉，但徒劳无益；它还预见了不少社民党人未来的命运。

就在纳粹党人在"波茨坦日"借盛大的历史传统②

---

① 克罗尔歌剧院是一座紧邻勃兰登堡门的建筑，前身为喜剧剧院。在国会大厦发生纵火案后替代前者成为国会所在地。1933年3月23日，魏玛共和国最后一届国会在此召开会议，会上不顾社民党的竭力反对通过了确认希特勒独裁统治的《授权法》，魏玛民主至此彻底终结。

② 在1918年以前，每届新当选的国会议员都要在国会接

导演普鲁士旧精英与"民族主义革命"和解仅仅两天后，希特勒就得到了他想要的：3月24日公布的《授权法》（*Ermächtigungsgesetz*）赋予他无须得到国会批准也可颁布法令的机会。从此刻起，在德国，按照法制国家标准按部就班进行立法的过程已不复存在，法律自此可以像法令一样颁布：由部级机关负责起草，偶尔会有争议产生，或者对内容进行删减，但它本身也是意识形态层面的意志表达以及新政府对权力要求的形式。

如果没有得到伪议会通过新法（即《授权法》——译者注）的支持，通往独裁的道路尽管可能依旧无可避免，但这一进程或许会有所不同，也许会是一种更加不加掩饰的暴力统治形式。然而纳粹党人选择动用一切手段稳固它从国家机器那里获得的权力，这令德国国内剩下的非纳粹人士迅速地感知到这一点。继1932年7月20日起普鲁士几乎等同于国家直属州之后，其他各州也随之通过1933年3月31日和4月7日的两部法案实现"一体化"。同时，根据4月7日颁布的《重设公职人员法》

(续上页) 受皇帝接见。1933年3月21日，在国家宣传部长戈培尔的策划下，效仿旧制，由兴登堡接见了新当选的国会议员（但并不包括社民党和共产党议员）。由于接见的地方位于波茨坦的卫戍教堂，这一天也称为"波茨坦日"。

(*Gesetz zur Wiederherstellung des Berufsbeamtentums*）规定，解除"非雅利安血统"以及政治上"不可靠"公务员的公职。5月到6月之间，工会组织遭到破坏，各党派被禁止或被迫自行解散。至1933年秋，（德国）已不存在能与纳粹党一争高下的合法政治组织了。为了免遭逮捕或更糟糕的局面，这些政敌们都踏上了流亡之路或转入地下工作，抑或只能听天由命。言论自由的报社与自由社团一样屈指可数；大学被令人生厌的讲师加以"清洗"，并处在政治意识形态监视之下。纳粹政权以惊人的速度实现了它对权力的要求。年迈的总统虽然仍被很多人视为法治国家秩序最后的守卫者，却半认同半认命地利用自己的权威掩护这一进程。

当然希特勒的统治并非完全不受限制。它在部分领域还是触到了底线，至少直至1934年8月以前，还存在着令纳粹党不得不有所忌惮，或者说是对其权力构成威胁的势力。这些势力与最初以巴本和胡根贝格为首的保守派盟友并无瓜葛，尽管由于新任当权者毫无节制的要求及出于对"二次"革命的恐惧，他们也曾谨慎提出过反对意见——1934年6月17日，巴本发表著名的马堡演讲，将与希特勒的分道扬镳推向了顶点。但对于希特勒政权来说，更大的威胁则来自国防军。

事实上，德国国防军——后来的"（纳粹）武装力量"[①]——在1933年后的很长时间里都是纳粹政权中一个并不完全受希特勒支配的独立力量。帝国国防军及其领导层与魏玛共和国始终保持距离，因此在面对新政权时，他们同样非常希望保留自己的合作自主权。德意志帝国继承了一种源于专制王权时期的机构性二元对立，即文官当局与军方"指挥权"之间的对立，而魏玛共和国直到最后都没有能力消除这种对立。从宪法实践来说，夹在议会、总统府和统帅部长官[②]中间的国防部长的地位极为尴尬。在1920年至1926年担任统帅部长官的汉斯·冯·塞克特（Hans von Seeckt，1866—1936）领导下，国防军保持着一种"中立""非政治"的态度。军方认为更应效忠"国家观念"，而非魏玛宪法，尽管前者在概念上含混不清；同时他们也坚持要求平等的参政权。由于国防军一如既往地奉总统为最高统帅，因此在与军队构成关联方面起到关键性作用的是1933年希特勒试图用来掩饰其"民族主义革命"的合法性假象，而

---

① 在1935年以前的德国军队称为"Reichswehr"，此后更名为"Wehrmacht"（字面意味武装力量）直至1945年纳粹统治结束。

② 魏玛共和国建立之初虽然设立国防部，但最重要的军事指挥权掌握在陆军统帅部（Heeresleitung）及海军统帅部（Marineleitung）的长官手中。

被兴登堡和新任国防部部长维尔纳·冯·勃洛姆堡 (Werner von Blomberg, 1878—1946) 以权威所掩盖的这些事件,实际上从根本上助长了国防军领导层的观望情绪,并给了希特勒以喘息之机。

和希特勒及纳粹党一样,国防军同样希望德国能够重新武装起来,并取得在军事上的平等待遇。与军队传统的"非政治"态度不同的是,自20年代中期起,较年轻的一代军官开始崭露头角,他们试图消除军队和文官之间的二元对立。而在全面推进重新武装的进程中,为了达到国家扩张的目的,这些军官力图对社会进行有效军事化,这就构成一种与纳粹主义的基本亲和力。希特勒意识到可以同时利用这两者:较年长的国防军军官的"非政治"态度以及年轻军官以"民族觉醒"为标志所激发出的(对国家)好感。这种局面使得国防军高层中为数不多的希特勒反对者不得不转入守势,反对者中首屈一指的是统帅部长官库尔特·冯·哈默施泰因-埃克沃德(Kurt von Hammerstein-Equord, 1878—1943),他于1934年1月31日辞职。

然而,在纳粹夺权不久之后,与希特勒及国防军双方构成竞争关系的却是冲锋队(SA)。早在纳粹崛起时期,党的领导层与冲锋队基层之间的紧张关系便已反复出现：当希勒特要在党内部贯彻"合法性策略"时，那些通常由具有极端主义思想倾向的失业者组成的年轻冲锋队员开始辱骂有固定职位的党内干部为"蠹虫"。即使到了1933年7月，当希勒特宣布纳粹革命结束，冲锋队依然是四处出击的不稳定因素。不安分的冲锋队队员，也包括冲锋队最高领导人恩斯特·罗姆（Ernst Röhm，1887—1934），都力图进一步将"民族起义"推向"第二次"革命，推向社会革命；此外，他们还要求享有与国防军同等的军事特权。

尽管国防军领导层同样认为冲锋队这支民族主义武装的潜力对军方十分有利，但他们并不愿意看到国家武装力量的垄断地位遭到挑战。因此，军队领导层对于罗姆及成员人数远超国防军的冲锋队的政治野心怀有深刻的防范。在这一点上，他们的利益与希特勒是一致的，后者自1934年初起就想摆脱来自本党及其保守党盟友的压力。而为了达到该目的，他希望与军队领导层结盟。实现的方式，毫无疑问是通过谋杀和恐怖手段，而这无疑暴露出纳粹主义和武装力量结盟所面临的问题。

1934年6月30日至7月2日之间，在希特勒的授意下共计有89人遭到杀害，而国防军本可以置身事外。希特勒借口冲锋队意欲发动蓄谋已久的暴动，不仅肃清了冲锋队的最高领导层，还乘机除掉了之前的政敌以及保守党反对派。其中就有巴本的亲密合作者、"马堡演讲"的撰稿人赫伯特·冯·博泽（Herbert von Bose，1893—1934），埃德加·尤利乌斯·容①（Edgar Julius Jung，1894—1934）、格雷戈尔·施特拉塞尔、前巴伐利亚州州长古斯塔夫·冯·卡尔（Gustav von Kahr，1862—1934）、国防军将领费迪南德·冯·布雷多（Ferdinand von Bredow，1884—1934）以及希特勒的前任——前总理库尔特·冯·施莱歇尔将军。充当希特勒刽子手的是当时正在崛起的党卫队（SA），其领袖是海因里希·希姆莱（Heinrich Himmler，1900—1945）和他的同僚赖因哈德·海德里希（Reinhard Heydrich，1904—1942）。最终，党卫队凭借"罗姆暴动"从冲锋队的阴影下走了出来，成为纳粹恐怖统治的一个固定组成部分。

尽管国防军希望借冲突增强自身实力，而与之争夺国家武装部队的竞争者也确实被消灭了，但这对于听任两名将军枉死的军方而言意味着什么？事实上，军队高层对于罪行的知情不报与纵容已经使自己成了帮凶，虽

---

① 埃德加·尤利乌斯·容：德国政治家、出版人，魏玛共和国时期主张反对民主、倡导民族主义的"保守革命"的代表人物之一。

然对于这场政治清洗深感震惊的军官也不在少数。要求彻查此事的请求被打算息事宁人的国防部长驳回。迟至1934年7月初,国防军以服从命令为名走上成为希特勒帝国帮凶的歧途。

正是在这种情况下,希特勒得以通过国家法律形式顺利赋予自己以豁免权。凭借1934年7月3日颁布的《国家紧急防卫措施法》(*Gesetz über Maßnahmen der Staatsnotwehr*),希特勒政权最终向那些希望看到这一切的人展示了其恐怖主义的内核。该法规唯一的一条内容是:"为镇压6月30日、7月1日和7月2日发生的严重叛国行径所采取的措施,作为国家紧急防卫手段是正当的。"这样一来,由《授权法》开启的进程在不加掩饰的厚颜无耻及以立法手段使罪行合法化的方式达到了顶点。此外,希特勒还使每个潜在的敌人明白,反抗将惹来杀身之祸。

不久之后的1934年8月2日,兴登堡的去世为最后一个有待解答的宪法问题提供了答案。希特勒通过接任帝国总统一职,终结了已不再对他抱有幻想的保守党盟友试图重新收复失地的最后希望。就在同一天,他还作为"元首和国家总理"要求国防军宣誓效忠他本人。对于士兵来说,从今往后反抗希特勒就意味着违背自己的誓言。

但教会至少部分地充当起反对纳粹党极权统治的一道社会和文化的屏障。在经历了激烈冲突和大量流血牺牲后,两大教派得以基本维持其机构上的自主性。然而,这可能也是以最大限度的政治克制作为代价。在天主教与纳粹政权之间的冲突线索中可以清楚地看到这点。至纳粹掌权以前,天主教会及其教士都是毫不妥协的希特勒反对者,他们言辞恳切地告诫信众纳粹党是"新异端"。但在1933年1月30日之后,情况却发生了转变:希特勒成为"合法"当权者,教会试图与之达成谅解,或至少是作为一种权宜之计。1933年7月20日希特勒与梵蒂冈教廷缔结的协定更是对此起了推波助澜的作用。该协定承诺天主教会可以不受限制地进行宗教活动、共同参与教育事业,并保障其非政治性团体的存在。但此后教会与纳粹政府之间之所以爆发冲突,主要在于纳粹政府并未兑现这些承诺,同时还质疑教会的宗教自主性。至1935年底,所有反纳粹政权的组织结构基本被完全摧毁,显然纳粹政府可以腾出手来在天主教徒群体中贯彻其极权统治。然而,采取暴力手段清除那些常常被加害机关错误地当成政治抵抗的宗教异见分子被证明是不可能的。实际上,纳粹政权被迫采取某种弹性战术。例如在1936年夏季奥林匹克运动会期间,镇压有所缓和;

相反，紧接着教皇1937年3月《炙烤的焦虑》通谕而来的是"教会斗争"进入白热化阶段。

这期间恰恰是镇压天主教徒的措施强化了天主教群体反对政权的行动，激发出他们的怒火。这里包括受迫害神职人员之间的紧密团结，抵制非教会学校的引入或将耶稣受难像请出教室。尽管天主教会的这些"抵抗"证据与政治性抵抗或资产阶级宣布不再效忠国家权力并无关联，但急于推动社会意识形态总动员的纳粹政权却意识到，对于德国天主教会的征服可能会迅速失败，而且公开的镇压措施或将有持续引发大规模骚乱的危险。因此与教会算总账最终被推迟到战后。

纳粹政权与新教教会的冲突也与之相似。由于新教在宗教思想与天主教的分裂，以及1933年德国新教处处存在对民族转型的渴望，使得纳粹政权最初对其表现出更强硬的姿态，但凭借与政权保持步调一致的"德意志基督徒"建立一个一体化的"国家教会"的企图却宣告破产。更确切来说，这种对教会机构自主权的侵犯引发了激烈反弹。1933年秋成立的"牧师紧急同盟"及认信教会①成为限制纳粹一体化要求的关键。

---

① 认信教会是1934年5月成立的新教抵抗组织，由一部分反对纳粹政权借一体化政策侵蚀教会的新教牧师与教众组成。

但如果将教会的不同意见等同于政治抵抗的结论则可能是错误的,因为无论属于哪个教派的教会人士,积极投身于政治抵抗的都是极少数的个别情况。尽管就此对基督教会的指责并不比对其他政治、社会和文化势力的指责多,但恰恰是教会才具备其他势力不曾获得的影响力和沟通可能性。这里要强调的最著名事件便是克莱门斯·冯·加伦伯爵(Clemens Graf von Galen,1878—1946)的布道演说,这一公开在教堂号召抵制纳粹政权措施的倡议取得了直接效果:这位明斯特主教在1941年的夏季布道中谴责纳粹的"安乐死"罪行①,此举一度导致该行动的中断。然而,针对剥夺权利、驱逐、最终谋杀犹太人的行动,教会方面却并没有类似的明确公开表态,因此至今都是它应承担的一项历史罪责。

因此,国防军和教会都认为自己面临着一个相似的矛盾处境:二者以政治上的缄默为代价,直至临近战争尾声尚能保留具有部分自主权的活动范围。然而,即使从国防军的角度来说,这一活动范围也变得越来越窄,军队仍然具备军事抵抗所需要的前提准备,最终也出现

---

① 纳粹政权为保证种族纯净,对身体或精神有残疾的人采取绝育、精神或肉体虐待甚至谋杀。而这种有组织的谋杀行动被托称为"安乐死"。

了 1944 年 7 月 20 日的事件[①]。与之形成对比的是，纳粹政权令国家行政、警察和司法机关俯首帖耳的速度则要快得多。事实上，这是纳粹统治时期最令人痛心的地方，完成一体化的行政和司法机关是如此迅速而全面地转向为暴政效力。对此纳粹立法当然功不可没。1933 年 4 月 7 日的《重设公职人员法》以及之后 1937 年的《德国公务员法》使辞退"非雅利安血统"和"不可靠"公务员成为可能。在不能进行直接解雇或进行纪律教育的地方，被政治工具化了的公务员法对继续留任的公务员构成了持续的政治同化压力。

除此之外，纳粹政权对经过整顿的国家行政机关的继续侵蚀和瓦解也十分突出。希特勒不仅设立了多个旨在以特别方式实现纳粹目标的新部门，如戈培尔（Joseph Goebbels，1897—1945）的国民启蒙与宣传部，或戈林的帝国空军部。此外，希特勒统治技巧的特点还在于一再从行政序列中分离出特别行政部门，并为其分配横向工作任务和职权。这类特别行政部门的领导一般不隶属任何部委，它们更多是只对希特勒负责，并因此享有一种"直接听命于元首"的直属地位。拉开这个序幕的是工程师弗里茨·托德（Fritz Todt，1891—1942），1933

---

① 即施陶芬贝格刺杀希特勒未遂事件，后文有具体论述。

年6月30日他被希特勒任命为"德国道路工程总监",也就是后来"托特组织"的前身。而1936年成为元首"四年计划"全权代表的赫尔曼·戈林(Hermann Göring, 1893—1946),则在这样一种统治结构中取得在内政和经济政策领域的广泛权力。

此外还有数量不容小觑的纳粹党的党内职位,它们同样具有各种特权,部分还构成了与国家行政机关的竞争关系。这里首当其冲的是各省党部首领及其机关。这些党部头目几乎清一色都是"老战士",自视为希特勒在中级行政区的"总督",这些地区与"元首"之间形成一种特殊的效忠关系。一个省党部首领完全可以成功按照各自的性格和执行力在自己领导的区域内获得无限权力,并建立起一个小型的"元首国家"。

尽管纳粹党的"高级干部"担任国家公职的比例日益增加,但一种真正意义上的党政融合始终没有成功。政党与国家在组织结构上一直处于一种并存而对立的状态,它体现在等级与职能方面。从"副元首"①办公室,即后来由马丁·鲍曼(Martin Bormann, 1900—1945)

---

① 即鲁道夫·赫斯(Rudolf Hess, 1894—1947)。赫斯于1933年4月起担任纳粹副元首。1941年驾机前往英国,后被英国监禁。

领导的纳粹党党部办公厅，再到地区领导，每一级行政组织都对应有纳粹党组织。同样国家部门也与类似的党组织构成竞争关系，例如民族社会主义人民福利组织（NSV）或希特勒青年团（HJ），这些组织越来越多地侵占着国家福利和教育事业的地盘。

当然毫无疑问的是，国家机关与政党组织的关系没有比在警察部门结合得更紧密。早在1933年，成功调动隶属各州的警察力量就成为新政权夺取权力的一个重要保证。随后希特勒计划将国家警察部门作为最重要的非军事执行机关从经过整顿的行政机关中划出来，并使之服务于纳粹政权的种种目标。因此一方面是将因隶属于各州行政机关而分散化的警察职能集中起来，另一方面又通过组建党卫队作为警察部门的竞争组织，最终警察与党卫队实现合并。这两个步骤是通过党卫队帝国首领海因里希·希姆莱及其追随者赖因哈德·海德里希身兼数职得以实现的。1936年，希姆莱就已被任命为"党卫队首领和德国警察总监"。尽管其后一个身份名义上受内政部长领导，但实际上他已执掌了纳粹政权最重要的迫害机器。相比其他任何一个国家机关，警察机关更多地被擢升为德国的执行机关。（国家）安全警察总局与党卫队安全总局于1939年合并为帝国安全总局或多或少实现了国家警察和党卫队之间的完全合并。

显然,数量上不断增加的特别行政部门和党内机关使得行政效率持续降低,而即使在最小的环节上,纳粹政权都表现出官僚化趋势与控制欲。对此的抱怨因此成为相关部门日程上的标准议题。当然也并非没有致力于统一行政、避免一体化后的行政与职能部门权力分化的努力,例如帝国内政部长弗里克曾徒劳地试图将"元首国家"的要素与以合理化行政为目标的政府官僚权威结合起来。但归根结底,赋予追随者以相互竞争的特殊权力并期待最后到底谁会胜出,才真正符合希特勒的社会达尔文主义信念及其对公务员的深刻不信任。就这点而言,纳粹政权是一种典型的"竞争性统治",并且绝不能将希特勒的强人独裁者形象排除在外。

纳粹政权的其他特征还包括对社会底层做进一步动员、经济扩张以及30年代后半期昙花一现的稳定局面。事实上,就其恐怖主义的基本特征而言,并不能推导出这个政权仅仅依靠刺刀的错误结论。由于纳粹在夺权后几乎立即采取迫害措施,使得人们很容易忽略这样的事实,即绝大多数的德国人已完全做好适应新环境的准备,并且从稳定体制中获取利益。相反在世界经济危机的背景下,克服失业问题的意义并不能被高估。和在其他方面一样,希特勒在这个问题上赚到了便宜:当他开始掌权之际,经济大萧条的最低点已经过去。从1933年底开始,可以被感觉到的经济繁荣第一次让一种"正常"生存状态在随后的几年间成为可能:有规律的工作、组建家庭的机会以及少量的休闲活动。这些长期缺位,甚至对很多人来说根本就是人生中初次体验到的稳定因素,也使得非纳粹党籍人很容易容忍政府的政治独裁诉求。这同样适用于工人阶级,他们在工会组织被破坏之后又被德意志劳工阵线(DAF)组织起来。即使是部分继续存在的反政府组织总体上也是消极地忍耐政权——只有汉堡码头工人的组织被证明是一个例外。

至少同样出色的还有纳粹党的自我动员成效。1935年初,该党有将近250万党员,但最终党员数量达到800万。无论在哪里,民族共同体的神话都能在纳粹党内及其大量的下属组织中使人信以为真。在因社会和文化的深深鸿沟而分裂的德国社会里,这个打着超越社会阶层旗号的政党对很多人来说都是富于吸引力的。大部分成立于1933年前的各类纳粹党组织用一张密织的网络将德国社会网罗起来,而在那些已经被该党控制的政治和社会领域中,铲除传统桎梏与消除社会不平等的趋势相互交错。这在德意志劳工阵线的下级组织"力量来自欢乐"(Kraft durch Freude)中体现得尤为明显,它以其各类休闲和度假活动成为纳粹政府社会福利"善举"的象征。除此之外,还有托伪资产阶级对"成就"的强调:加入纳粹党,雄心勃勃的人就能得到前所未闻的晋升与飞黄腾达的机会,只要他在意识形态上是可靠的。虽然纳粹党不能直接取代国家的地位,但纳粹政权发展其势力的秘密并不在于征服国家及其统治,而在于将其工具化。纳粹党的新精英因而逐渐取代了传统精英的地位。

纳粹政权还格外关注对青年人的招募、组织和动员。1936年,希特勒青年团通过"国家青年法"(即《希特勒青年团法》——译者注)一面吸收魏玛共和国青年运动中开始显山露水的反资产阶级的潜在反抗力量;一面以一种全新的方式深刻介入年轻人的日常世界,这对一部分人或许是一种强制,但对另一部分人来说却可能意味着机会。和在其他方面一样,纳粹意识形态主导的社会动员最终也发展成一个自相矛盾的局面:作为代表德意志帝国未来"武装力量"的纳粹党与国家的青年,希特勒青年团虽然享有很高的特权,然而并未成功地侵入中小学之中,相反纳粹党内对某些希特勒青年团领袖傲慢自大且肆无忌惮举止的指责变得越发频繁。

从对青年一代进行意识形态控制中得出的结论,也普遍适用于纳粹统治动员和巩固政权之间的关系。在其统治最初几年采取的激进意识形态尝试，导致其内部的种种自相矛盾。例如这个新生国家中的农民感觉自己享有特权，但实际上只停留在表面上。尽管1933年秋颁布的《帝国世传农庄法》（*Reichserbhofgesetz*）想要迎合"帝国农民领袖"理查德·瓦尔特·达雷（Richard Walther Darré, 1895—1953）等人提出的"血与土"理论，却在经济上产生了不良后果：其脱离实际的规定，例如土地不可分割、不得出售以及不可抵押就经常引起农民的不满。属于工商业及职员中间阶层成员的情况也与之类似。在1933年之前，纳粹在其宣传中承诺给予他们一切可能的社会福利保障，但如今面对经济现实的种种必要时就被悉数收回。

因此，可以说这是某种程度上去意识形态，它与纳粹统治在1935年之后进入相对稳定状态是一致的。然而，即便这种去意识形态化适用于部分措施，但它无疑并不涉及希特勒"世界观"的两大支柱：种族主义与"生存空间"政策。事实上，纳粹政权在其他方面所表现出对意识形态的坚持，都不能与上述两点相提并论。

歧视、剥夺和迫害犹太人的过程在纳粹政权建立的头几个月就已经开始。它一方面作为行政行为加以贯彻执行，并以行动高效而为人瞩目，在这种效率被公众视为"井然有序"，因而被误认为是合法行动。但另一方面，迫害犹太人又绝不仅仅是自上而下的行动，而是一个不断深化相互影响的结果。它除了影响国家和纳粹党之外，还渗透进德国社会的各个阶层。一旦对此有所放缓，则几乎总是出于帝国政府在外交和（对外）经济上的顾虑。

在反犹政策的第一阶段——它一直持续到1938年11月9日"水晶之夜"，简单来说可以明确为国家操纵下歧视、剥夺犹太人权利的三个步骤：在纳粹夺权之后就立即展开对德国犹太人赖以生存的经济和职业基础的进攻。1933年4月初，犹太人商店遭到封禁，犹太医生、律师和公务员被排挤出各自的工作岗位。第二步是借助一种种族隔离政策将犹太人排除在公共社会生活之外：犹太人被禁止使用各类公共设施，如游泳池、市场、图书馆，不少地方政府在这个过程中常常一马当先，冲在前面。最终，通过1935年的《纽伦堡种族法案》从司法角度将对犹太人权利的剥夺加以标准化和系统化。该法案通过在有司登记且可以被查证的宗教信仰结合种族因素来确定谁是"犹太人"，正如劳尔·希尔贝格（Raul Hilberg，1926—2007）准确无误提示出的那样，它构成了大屠杀的第一个必要步骤。

从此,无论信奉何种宗教,拥有何种信仰与世界观,犹太人在德国都不可避免地成为二等公民,成为享有很少权利的人。他们不得与"雅利安"德国人通婚、性交;如果完全贯彻纳粹政府意愿的话,他们完全不可以与德国人有任何联系。但最可悲的误解来自为数不少完全被同化且通常已受洗的犹太裔德国人,他们对祖国法治国家的传统深信不疑,以至于认为即使存在种族法案的大量限制,但至少表面看来是安全的,仍有继续维持在狭小的空间内"有序"生存的可能。但事实上,能求得生存的唯一途径就是流亡。

1938年,纳粹"犹太政策"的集权化与残暴属性开始显现,至此纳粹政权撕下了最后的(伪)法治国家面具。以德国驻巴黎使馆参赞恩斯特·冯·拉特(Ernst von Rath,1909—1938)遭一名犹太青年刺杀这一易于为人接受的理由为借口,除希特勒之外,纳粹最高级别的官员如戈培尔和戈林发出了煽动其狂热拥护者的信号。信仰纳粹主义的群众在德国到处焚烧犹太会堂,掠夺和摧毁犹太商店,恐吓、侮辱、虐待犹太人。一时间有数百人死亡,约三万犹太人被送进集中营,财产损失高达数亿帝国马克。

同时最后的一道障碍也被扫除：由纳粹党高层煽动的"水晶之夜"标志着反犹政策从剥夺犹太人权利和歧视转向公然的身体迫害与屠杀。此时逃亡的犹太人数量再次剧增。据一次人口普查显示，1939年5月仅有21.3万"纯血统犹太人"生活在德国境内，而到1939年末，还剩下19万"被摧毁的少数"。[绍尔·弗里德伦德尔（Saul Friedländer）]。

第二节　二战与大屠杀、抵抗与"德国灾难"

希特勒的个人作用及其作为独裁者的特质在他强加给德国和欧洲的战争意志中表露无遗。混合了意识形态上的妄想、不正常的理智和最残暴的肆无忌惮，他制订了一个"方案"，直到自己生命终结都坚持如一。他在《我的奋斗》（*Mein Kampf*）及1928年那本所谓的《第二本书》[①]（*Zweiten Buch*）中详细记录下这个"方案"。其中，希特勒吸收了1914年以前就已经在中欧蔓延开来的种族思想，以特定的方式对其进行改编，并进一步

---

　　① 《第二本书》是希特勒撰写于1928年的未发表手稿，这部手稿延续《我的奋斗》的观点，主要论述纳粹生存空间理论和外交政策。

加工成一种新的观念混合体。以诸如"雅利安"种族的优越性、强者的权利这样的种族意识形态和社会达尔文主义为前提,及关于世界历史的运行法则就是民族和种族间无休止的斗争和战争的设想,构成了希特勒信念的出发点,即扩大在东欧的"生存空间"的战争不仅是必要的,而且也是超然于所有法治传统的合法目标。如若不然,德意志民族及与之相关的"雅利安"种族,则会因人口过剩和食物摄取空间太小而走向灭亡。在夺取权力后,希特勒不断为扩大"生存空间"的战争做着准备,因此意识形态的固化、战术上的算计以及投机取巧扩张个人权力在这期间始终无法清晰区分。

对希特勒有利的是,他首先将对"东方战争"的准备隐藏于要求修订《凡尔赛和约》和谋求大国政治的传统外衣下。重新武装,1935年恢复义务兵役制,1936年莱茵兰地区重新军事化,1938年奥地利"并入"德国,最后还有对德国东部边界的修正——这一切都是魏玛共和国外交议程上就已赫然在列的传统目标。因此,无论是在国内还是国外,希特勒都被部分人误认为是有着传统印记的成功的"修正主义政治家"。

然而在回顾这一切时,有一点是出人意料的,希特勒对内反复表达自己的战争意愿。1933年2月3日,他就已经在一次对国防军高层的演讲中概述了自己的长期目标，其中就有"以武装手段扩大德意志民族的生存空间"。1936年，希特勒敦促德国经济界在四年之内做好战争准备；最终他在1937年11月毫无保留地描绘了自己的进攻计划：在争夺东方"生存空间"的大战打响之前，帝国应首先吞并奥地利，然后是捷克斯洛伐克。希特勒在"将手伸向布拉格"前，不止一次通过精心策划的煽动性演讲竭力申明其所谓的和平意愿，成功降低了别人对其能力及野心的评估。事实上，第二次世界大战在某种意义上就是希特勒的个人战争：他一贯将发动旨在夺取"生存空间"的战争称为自己的人生目标，最终甚至试图让历史的进程都从属于他的个人经历。

尽管学界就希特勒的外交"方案"在整个纳粹政权体系中占据多大分量还存在争议，但毫无疑问，纳粹政权在1938年时确实已经完成了从遮遮掩掩到明目张胆的扩张政策的过渡。而此前，希特勒就已凭借效忠自己的追随者掌握了外交和军事领导权，这期间正如在他"发迹"过程经常经历的那样，事情阴差阳错就如他所愿了。尽管并没有证据表明"勃洛姆堡—弗里奇事件"是希特勒故意操纵的，但他却懂得利用这两位将军在1938

年1月颜面扫地的机会,对国防军领导层进行大规模的人事调动。帝国国防部长勃洛姆堡必须离职,因为他娶了一位很快就被爆出名誉可疑的女人①;陆军总司令维尔纳·冯·弗里奇(Werner von Fritsch,1880—1939)则因为(业已被证明是捏造的)同性恋嫌疑而被解除了职务。现在希特勒自己接过了帝国国防军最高指挥权,还另设了一个服从命令且只听命于"元首"的新机关,即由威廉·凯特尔(Wilhelm Keitel,1882—1946)将军领导的"国防军总司令部"。同时,希特勒用亲信约阿希姆·冯·里宾特洛甫(Joachim von Ribbentrop,1893—1946)取代另一位"传统"精英的代表康斯坦丁·冯·牛赖特(Konstantin von Neurath,1873—1956)担任外交部长,再一次证明了自己即兴发挥的天赋。希特勒从此目标明确地踏上战争之路,同时也得到了内政上的保障。

1938年,在内政上取得成功的伎俩也被希特勒用在外交政策上。恐吓、逼迫及赤裸裸的战争和暴力威胁

---

① 1938年1月12日勃洛姆堡再婚,包括希特勒、戈林在内的第三帝国政要多有出席典礼。然而数天后在戈林授意下的刑事调查中发现,国防部长迎娶的这位名叫路易丝·玛格丽特·格鲁恩(Luise Margarethe Gruhn,1913—1978)的年轻女子,不仅曾因盗窃嫌疑遭到拘捕,还曾被拍摄过色情照片。

首先迫使库尔特·冯·舒施尼格（Kurt von Schuschnigg，1897—1977）领导下的奥地利政府投降：在墨索里尼（Benito Mussolini，1883—1945）的容忍下，伴随着西方大国仅有的微弱外交抗议和大批当地民众震天响的欢呼声，希特勒于1938年3月12日实现"合并"奥地利。根据卡尔·楚克迈尔（Carl Zuckmayer，1896—1977）的回忆，在维也纳，纳粹分子针对犹太人"一次群魔乱舞般的暴徒聚会，就此埋葬一切人类尊严"[①]："这里被释放出的只有麻木的大众和盲目的破坏狂热，他们的仇恨针对所有自然或心灵的美好之物。"

就在"合并"奥地利后不久，希特勒便迈出了通往"大德意志帝国"的暴力扩张之路上的第二步：5月30日，他下令准备进军捷克斯洛伐克，并将日期定为1938年10月1日。希特勒和听命于他的苏台德党领袖康拉德·亨莱因（Konrad Henlein，1898—1945）一起，在1938年春夏采取挑衅、恐吓策略，以此激化德捷紧张关系。然而当9月末所有迹象都指向战争之际，英国（也包括紧随其后的法国）却在最后一刻做出让步。在"绥靖"政策的影响下，西方大国通过1938年9月29日的《慕尼

---

① 卡尔·楚克迈尔是德国剧作家。由于母亲是犹太人，楚克迈尔在希特勒吞并奥地利几天之后便踏上了前往瑞士的流亡之路。

黑协定》(*Münchner Abkommen*) 牺牲捷克斯洛伐克，允许希特勒吞并苏台德区。和平似乎又一次被拯救，换来了西欧各大首都中的高声欢呼。

对英国及其首相内维尔·张伯伦 (Neville Chamberlain, 1869—1940) 所采取的行动至今仍有激烈争论。如果西方大国采取一种坚决贯彻始终的威慑态度就会丧失阻止世界大战的最后机会吗？这个问题之所以被如此频繁地提出，在于当时所面临的日益扩大的战争威胁，德国境内围绕已下台的上将路德维希·贝克 (Ludwig Beck, 1880—1944) 已很好地组织起一支军事反对力量。这个小圈子最大的担心是与西方大国一战将导致"德国的终结"（恩斯特·冯·魏茨泽克①）。因此他们通过在伦敦的眼线敦促英国政府采取不妥协的强硬态度，并密谋于9月底发动政变：一旦希特勒下令进攻捷克斯洛伐克，发动一场无疑在德国极不得人心的战争，他就会被逮捕，并作为战争煽动者被送上法庭，或者直接被宣布为罹患

---

① 恩斯特·冯·魏茨泽克 (Ernst von Weizsäcker, 1882—1951)：第三帝国时期先后担任外交官、外交部副部长职务，曾受海德里希邀请出席万湖会议。随后在纽伦堡审判后续针对德国外交部等部门公务人员的审判中被认定应对将法国犹太人送入奥斯维辛集中营承担连带责任，判处有期徒刑五年。其子理查德·冯·魏茨泽克为联邦德国第六任总统（1984—1994）。

精神病。

难道不是伦敦的让步令德国军事反对派丧失了采取行动的决定性筹码？反叛者正是觉察到这点才放弃发动政变。而在很长的一段时间内，军事抵抗变得毫无意义。但另一方面它也暴露出所有的内在缺陷：在很长时间里，抵抗缺乏投入行动的坚定意志，相反，它使行动依赖于自己都无法左右的外部形势。至于英国的态度，如果将之与从英国利益出发的理智分析加以比较，那么就很容易理解了：1938年秋，英国对于一场战争冲突的武装准备还不充分。无论《慕尼黑协定》是否能够确保和平，都赢得了宝贵时间——可以扭转军备落后局面，尤其是在空军方面的落后。

如果有谁真心实意地相信《慕尼黑协定》就能让第三帝国满足，并缔造一种新的欧洲和平秩序的话，那么他很快就会意识到自己大错特错了。希特勒感到西方大国的顺从伤害了自己，并使他丧失发动"他的"战争（的机会），因此他动用一切可能的手段来终止这一"失败"。他毫不犹豫地继续推进战争进程。1938年10月21日，他下令就"解决苏台德区问题"进行军事准备。1939年3月15日"将手伸向布拉格"，瓜分并占领捷克斯洛伐克，这直接导致西方大国调整（对德外交）方针。当

1939年4月11日希特勒下令准备"白色方案"进攻波兰时,这一次英国政府不再让自己对这样的进攻袖手旁观。英国越明确承认波兰领土完整,这场战争就变得越发无可避免。

然而,构成1939年这个多事之夏关键性外交转折的则是8月23日希特勒与斯大林所达成的协议①。这个与意识形态"死敌"达成的惊人一致,不仅使第三帝国获得了从苏联得到重要原材料补给的保证,但首先还是能"不受干扰地"进攻波兰,避免陷入两线作战的危险。在希特勒及其外长里宾特洛甫看来,这些优势值得他们做出很大让步:在臭名昭著的秘密补充条款部分,苏联得以将波罗的海国家、波兰东部以及比萨拉比亚纳入其"势力范围"。意识形态对立和策略上的算计都未能将这两位独裁者分开。

1939年9月1日德国进攻波兰开启了约翰·卢卡奇(John Lukacs)所谓"最后的欧洲战争"的序幕。这场战争最初的特点是被解除封印的德国战争机器显示出无可抵挡的威力。德国军工业的结构推动着它的战争进程,其核心是"全面备战",即优先扩充空军及装甲部队这类现代化兵种,然而为持久战作准备的内部生产结

---

① 即《苏德互不侵犯条约》。

构和基础设施的逐步"深度备战"却被忽视了。因此,德国国防军最初在波兰,然后在挪威,最后在与老对手法国的对抗中所采取的"闪击战",是充分利用集中投入战略性武器的快捷优势,短期内取得成效的必然结果。1940年6月22日,法国签署《贡比涅停火协议》(*Waffenstillstand von Compiègne*),宣布投降,使得希特勒的权势臻于鼎盛,并且很有可能对他内政政策的好评也达到了顶点。

然而1940年下半年这位独裁者遭遇了第一次挫折,原因是通过一种新型的全面空战迫使英国屈服的尝试以失败告终。事实上,1940年也是希特勒统治生涯的转折点:在过去的七年中他万事亨通,但之后的五年中却再难被胜利之神眷顾。他那些堪称伟大的成功经验——混合了欺骗和诱惑、恐吓和暴力,已经失去了效果。相反这激起了他的战争对手结成同盟,并加以巩固,不论这一同盟内部如何不同,都结成了完全字面意义上的"反希特勒联盟"。

但在此之前希特勒还是抓住了机会,继续向他的意识形态核心目标推进。在暂时性中断"不列颠空战"后不久的1940年12月18日,他下令在1941年5月15日之前为进攻苏联的"巴巴罗萨行动"做好军事准备。

在经历了1941年春的巴尔干战役，南斯拉夫和希腊投降后，德国于6月22日开始进攻苏联。由于德意志帝国在日本偷袭珍珠港之后站在其远东盟友一方，并于1941年12月11日对美宣战，"最后的欧洲战争"演变为第二次世界大战。

希特勒及大部分德军将领相信，在与装备差且经历过30年代后期斯大林大清洗运动后士气低落的苏联红军之间的战争也能取得"快速胜利"。起初几场夏季大胜仗似乎也佐证了这种乐观主义：在抵达列宁格勒及逼近莫斯科郊外前，德军在从南边一直到顿河的广大战场上都取得了胜利。然而在临近年末时，德军的胜利进军却在大雨和泥泞，最后是在提前到来的凛冬严寒中陷入停滞。而随着时间的流逝，德军也在战略上输掉了战争。美国参战后，西方盟国在法国登陆并由此在西线开辟出新的战场，而德军在东面的进攻却在苏联腹地一再遭遇纠缠，即使后来得以重新推进，但1942年的战役也未能改变局面。挺进至斯大林格勒的德军第六集团军的命运成为二战转折的标志。当第六集团军于1942年11月面临红军包围的威胁时，希特勒却置指挥官弗里德里希·保卢斯（Friedrich Paulus，1890—1957）将军的公开表态于不顾，下令无论如何都要困住这座城市并等待增援。最终结果是第六集团军全军覆灭：1943年1月底，该集团军不得不投降，剩余91000名士兵悉数进入苏军战俘营，他们中仅有少数人在战争结束后回到德国。而就在此前不久（指1943年1月14日至24日），英国首相温斯顿·丘吉尔（Winston Churchill，1874—1965）以及美国总统富兰克林·D.罗斯福（Franklin D. Roosevelt，1874—1945）在相距甚远的卡萨布兰卡达成共识，要继续进行战争，直至德国人无条件投降。

然而实现一个在东方占领新"生存空间"的遥不可及的意识形态目标，都不能与另一个目标的持续推进相提并论：消灭犹太人。至今有关"最终解决方案"起因的研究仍存在争议。它是一个目标明确、"刻意"建立起来的意识形态进程的终点？抑或它是"功能性的"，可能源于因多头统治政权的"逐步极端化"[汉斯·蒙森（Hans Mommsen）]而在其内部不受控制产生"实际困难"？最新研究对于"灭绝机器"的工作机制分析越精确，二选一的可能性就越缺乏说服力。地区性研究、生物学研究以及其他的专门研究都越来越清楚地表明，最终是两种因素——建立在意识形态基础上，来自希特勒、纳粹政府的核心领导层以及大量不知名的凶手的灭绝意愿与欧洲中东部犹太人面临被剥夺和被隔离所产生的后续问题张力及负担的结合——共同发挥作用。总的来说,毫无争议的一点是,东方战争使得恐惧逻辑成为可能。

尽管有关具体问题始终存在巨大的不确定性,例如当对于是否存在一个口头下达大规模屠杀欧洲犹太人的"元首命令"不再有争议时,发布命令的准确日期却依然悬而未决。是在1941年初夏,即在东线取得最初胜利的高涨情绪下发布对犹太人实施系统性灭绝;还是发布于1941年底,当时德国胶着的攻势使得实现"领土最终解决方案"——将欧洲犹太人驱逐至苏联边远地区的可能性被降低?但总的说来,尽管存在这些不确定因素,但仍足以勾勒出有关这些事件进程的确切图景。对苏战争从一开始就被作为灭绝战争加以计划和执行,且帝国国防军也牵涉其中。在战争爆发之初的那几周,由党卫队安全局和安全警察组成的突击部队联合意图通敌卖国的当地人,有部分还在国防军的掩护下,开始在被占领地区大规模射杀平民。据估计受害者人数至1941年底已达到50万左右。其间,突击部队所依据的就是希特勒的"巴巴罗萨"命令,尤其是清除苏联党政官员"特派员命令",以及希姆莱的指令。随着突击部队在"效率"、保密性以及(队员)心理承受能力方面都明显濒临极限，从1941年下半年起转入系统化的谋杀。在1942年1月20日的万湖会议上，赖因哈德·海德里希概括性地陈述了业已执行的有关全面灭绝欧洲犹太人的决议。会议纪要展示出纳粹统治者无视人类思想中最骇人听闻的见解之一。就在海德里希宣布通过驱逐最终"解决犹太人问题"后，他还特别告知与会者："现在，在实施最终解决方案的过程中，犹太人应接受相应领导，以合适的方式在东方进行义务劳动。在男女隔离的大型劳动队中，具备劳动力的犹太人将一边修筑公路一边穿越这些地区。毫无疑问这期间大部分人会以自然减少的方式被消灭。那些可能最终剩下的犹太人，由于他们无疑属于其中抵抗力最强的那部分人，必须加以妥善处理。因为这部分人是自然选择的结果，被释放后可以作为重建一个新犹太种族的生殖细胞发挥作用。"

1941年末，希姆莱就已命人修建位于波兰贝乌热茨的首座灭绝营。对随之启动的"赖因哈德行动"来说最关键的一点是由之前组织用毒气安乐死受害者（T4行动）的人员进行"专家鉴定"。至1942年夏，位于贝乌热茨、特雷布林卡和索比堡的三处集中营均已建成。1942年3月至1943年10月期间，在这些地方有近175万犹太人——主要是波兰犹太人——被毒气杀害。随后这一犹如工厂批量生产般被系统组织起来的种族灭绝行动首先在奥斯威辛—比克瑙"臻于完美","奥斯维辛"这个名字也因此成为20世纪人类泯灭人性最可怕的代名词。无疑,诸如哪些因素造成了这场戕害约600万欧洲犹太人的产业化大屠杀,是什么让众多大屠杀组织者与数量更无法估量的众多"单纯"凶手成为这一罪行积极帮凶之类的问题,不仅对历史学,也对历史记忆研究而言,都是一个持久的挑战。尽管在过去的几十年中,"大屠杀"研究尽管取得了种种认识上的进步,但依然留下一些的开放性问题,对此人们尚未找到答案。

越来越显露无疑的全面失败迹象与史无前例的罪行,两者都为抵抗运动注入了新的力量。有关德国各类抵抗组织的动机、目标、组织形式和行动方式,都已有深入研究;并且对于德国人的集体记忆而言,抵抗运动扮演着一个重要但同时也引发争议的角色。但可能无须争辩的一点是,由于这一罪行太过可怕,所有反对希特勒的抵抗行为,无论它源自何种世界观,都具备了各自应有的价值。无论是教会及大学生的抵抗,资产阶级与社会主义者的抵抗,还是共产主义者的抵抗,都分别具有一种特别的道德力量与尊严。但同样无可辩驳的是,唯一具有某种胜算可能的抵抗来自军队。只有武装力量才拥有足够的手段和途径来组织和实施暗杀与政变。就如同当年只有国防军才拥有政治手段在希特勒统治之初阻止他一样,也只有军事抵抗才拥有从内至外终结纳粹暴政的现实机会。

军事抵抗运动长期以来都无法就刺杀行动的时机取得一致意见。由于摇摆于爱国主义、军人的忠诚及对希特勒的仇恨之中,只有极少数军官才能下定决心采取一个近似明确的态度,正如集团军参谋部的亨宁·冯·特雷斯科(Henning von Tresckow,1901—1944)于1944年年中的经典表述所呈现的那样:"必须采取暗杀希特勒的行动,不惜任何代价。因为重要的不是那个具体的目标,而在于德国抵抗运动敢于在全世界面前,在历史面前,以生命为代价做出决定性的抉择。"

从1943年起,年轻的克劳斯·申克·冯·施陶芬伯格伯爵(Claus Schenk Graf von Stauffenberg,1907—1944)就成为这场声势浩大的密谋行动的推动力量,这一行动将成功实施暗杀与紧随其后的军事政变计划结合在一起。很多密谋者——特别是他们的文官领导人卡尔·格德勒(Carl Goerdeler,1884—1945)——都希望,盟国不会拒绝与剥夺希特勒及其政权权力的新政府签订和平谈判协议。但对于密谋者来说时间却越来越紧迫了。

在数次暗杀企图均以失败告终之后,施陶芬贝格本人再度获准参加希勒特于1944年7月20日在"狼穴"举行的战争形势会议。"女武神"行动终于得以开启。

然而希特勒在7月20日的那场炸弹暗杀中几乎毫发无损地幸免于难,这是德国抵抗运动的悲剧之一。他的幸存也撕碎了由密谋者连接起来,尚未开始全面运作的指令链,但这也是"元首国家"在濒于覆灭前仍具备高度内部凝聚力的证明。仅有少数核心圈的密谋者得以逃脱7月20日之后即掀起的追捕、审讯和处决浪潮。这股浪潮尤其从肉体上大规模消灭了普鲁士贵族及其军事精英。希特勒的复仇战为最终剥夺易北河以东地区大贵族的社会和政治权力拉开了序幕,这一行动后来以将其驱逐出德国东部地区以及苏占区"土地改革"而全面结束。与此同时,战事仍在继续进行。1943年9月,德国最重要的盟友、"轴心国"伙伴意大利已在墨索里尼垮台后投降。1944年7月,盟军在诺曼底成功登陆。在此后的几周内,德国对法国的统治就崩溃了。1944年9月,盟军抵达德国西部边界。

同样在1944年夏,苏联红军展开具有决定意义的大规模进攻,并于7月底抵达维斯瓦河。在波兰这一边,即德苏达成互不侵犯条约拉开二战序幕的地方,全面灭绝政策又一次达到惨绝人寰的高峰：1944年8月和9月，武装党卫军极其残忍地镇压了华沙起义。约15万平民被杀害，华沙城被夷为平地；而苏联红军却在维斯瓦河的另一边袖手旁观，无动于衷。1944年10月苏联军队最终抵达东普鲁士，这样一来二战终于打回到德国领土上。

那个时代解不开理还乱的错综复杂性就在于，包括东普鲁士的但泽、波莫瑞和西里西亚在内的德国东部地区平民因为被作为灭绝战争进行安排和实施的东部战争而不得不付出非比寻常的代价。在特定的历史语境和因果关系上，苏联红军的战争暴行与纳粹战争罪行并无多大区别，而英国空军对德国城市的破坏同样如此。然而德国民众为希特勒战争所付出的代价，却不是平等分配的。超过1000万德国人付出的代价是逃离和被驱逐，承受着丧失家园的后果。但同时，战争的结束，即德国的无条件投降，也给德国人带来了解放，这完全是直接的、身体意义上的解放。正如联邦总统理查德·冯·魏茨泽克（Richard von Weizsäcker，1920—2015）在1985年5月8日回顾历史时曾断言："一些人回到了家园,而另一些人却变得无家可归。"特奥多尔·豪伊斯（Theodor Heuss，1884—1963）从同一个角度出发谈及德国历史"最具悲剧性并最成问题的矛盾"："因为我们既被拯救,又被消灭。"尽管借用悲剧这一概念来描述纳粹暴力统治的结果是有问题的,但至少在经验史的层面上,1945年5月8日因为其同时强势存在的毁坏与解放、失落与希望、彻底失败与新的前景而称为德国历史上一个无法撤销的矛盾状态,这也让对此历史的记忆变得困难重重。

第四章
战后与冷战时期:
两个德国的成立(1945—1955)

第一节 德意志联邦共和国与融入西方

如果从连续性和非连续角度考察 20 世纪的德国史,1945 年有足够的理由被视为最深刻的转折点。无论是政府还是疆域,没有一个能在战争结束时直接延续下去。不仅是德意志帝国政府无法继续存在,各州也未能幸免于难;到处是行使国家权力的盟国军政府。德意志人定居已长达百年的东部地区,则在德国人民遭驱逐的进程中成为领土变动最大的区域。它成为应斯大林要求,并在雅尔塔和波茨坦会议上获得西方大国批准的波兰领土向西移动的代价而被置于波兰的"管理"之下,而东普鲁士北部则归苏联"管理"。

与之形成对比的是,奥德河－尼斯河界线以西的德国,尤其它的西部占领区成为一场规模空前的流亡运动的目的地,超过1200万难民构成了欧洲规模最大的强制人口迁徙运动及德国现代史上最大的人口变化。此外,还有数百万的"无根之人"及难民——被迫离开居住地和本国的人口及以曾经的外籍工人为主的外国人。因此,尽管战争导致了人口损失,但在后来成为联邦德国的区域内,人口数量仍然上升了近25%,这也导致原本在社会经济领域就矛盾突出的战争后果持续恶化。促成如克里斯托夫·克勒斯曼(Christoph Kleβmann)所说的身处"崩溃社会"中的人们迁移的首要原因是日常生活里的生存问题:住房短缺、煤炭缺乏、饥饿及其他物资的匮乏成为大部分德国人在至少长达三年的时间里难以忘却的基本经历。这些为数百万人共同分享,纯粹担心如何活下去的忧虑,以远比以废墟前劳作的妇女和黑市为主题的怀旧照片所呈现的更压抑、更无趣的方式,决定了战后的日常生活。战后经济重建起初以失败告终,原因首先在于因四大国分区治理、任意割裂发达经济区的做法导致缺乏必要的交通连接,此外还因为盟军拆除了工业生产设备。直到1947年获得"马歇尔计划"框架下的美国经济援助及1948年6月20日开始实施货币改革，情况才有所好转。

而政治上的新开端则在1948年首轮经济复苏迹象日益明显之前便已出现，它是在战胜国警惕的目光下自下而上贯彻完成的。首先出现在基层地方，从1946年起开始进入州一级地方。同时各民主党派获准重建或新建，并向前推进。至此，第二次世界大战终结之于德国历史的重大转折意义进一步显现。政治精英们或多或少被全面替换掉，这主要表现在两方面：过去的纳粹党籍官员及其党内高层没有机会再重启政治生涯；而纽伦堡审判对纳粹"大人物"加以宣判以儆效尤，盟国各军事机构也坚决将纳粹党籍的中低级公务员排除在政治重建外。纳粹党籍的市长、县长等均被免职，党内干部被拘留，改由政治清白人士取而代之。但传统的保守贵族精英们同样无法再次发挥作用。这就形成了1945年政治新开端与德国首个民主政体之间的重要区别。那些坚信魏玛共和国的民主人士在经历了成为政治反对派、被迫害或流亡之后，在1945年之后几乎完全主宰了西占区新生伊始的政治活动。前"魏玛联盟"①各党的成员如

---

① "魏玛联盟"政党是指魏玛共和国成立之初由代表工人

康拉德·阿登纳（Konrad Adenauer，1876—1967）、特奥多尔·豪伊斯或者库尔特·舒马赫（Kurt Schumacher，1895—1952），都对 1945 年以后的民主重建产生了影响。

而在政党方面，1945 年因此也构成了当代德国历史上一次意义深远的重大转折。不同于第一次世界大战后曾出现的情况，现在传统政党体系已不复存在。对于基督教民主联盟（CDU）和基督教社会联盟（CSU）尤其如此，它们从一开始就被认为是获得了跨教派意义上的真正新生。基民盟和基社盟因此不仅为曾经的中央党、巴伐利亚人民党（BVP），也为新教保守党——德意志民族人民党的政治家、党员和选民提供了一个崭新而持久的政治家园。新成立的自由主义政党情况也类似，其中的自由民主党（FDP）作为西德政党版图中的长期重要组成被建立起来。不仅如此，1945 年之后重建的社会民主党也同样改变了其性质，尤其是取消了与共产党的竞争，但这种竞争性从 50 年代中期开始完全体现在东德统一社会党（SED）的专政之中。在联邦德国最初的十年里，比德国社会民主党更"左"的较大政治力量已不复存在，这一事实无疑使该党更容易剔除党纲中残

（续上页）阶级的社民党、左翼资产阶级的德意志民主党及天主教中央党组成的政党联盟。

留的经典马克思主义内容,并凭借着 1959 年《哥德斯堡纲领》(*Godesberger Programm*)彻底完成从工人阶级政党到"全民党"的过渡。

然而,重建工作从一开始就处在业已浮出水面的德国分裂阴影之中。尽管很难只用冷战这一个原因对此加以解释,但德国的分裂及欧洲大陆的分裂是其直接后果却是显而易见的。早在 1945 年 7 月 17 日至 8 月 2 日召开的波茨坦会议上,反希特勒同盟内部的裂痕已十分明显。因此这次会议不仅未能开启一个符合盟国共同利益的德国政策,更多的是导致了这一政策的终结。相互对立的经济和社会体系、互有分歧的国家利益,以及斯大林用意识形态包裹的扩张思想,摧毁了这个内部并不统一的战争同盟。它存在的唯一共同基础在于德国无条件投降、彻底消灭纳粹主义及持续打击德国军事潜力。而当这一目标得以实现,战争同盟的共同性也就被瓦解了。

尽管美、苏、英"三巨头"在 1945 年夏召开的波茨坦会议上也明确坚持德国统一,但最后达成的决议却充满了妥协意味的空话。那些一般性目标,如非纳粹化和非军事化、民主化和去中央集权化当然得到了大多数德国人的赞同。但在涉及物质利益时,例如在战争赔款和势力范围划分问题上,立即就出现了不可调和的对立。

这种分歧在盟国管制委员会——在程序上盟国管委会是管辖整个德国的权力机关，此时法国也加入其中——被制度化了下来，此后还影响到盟国外长会议。

鉴于欧洲面临的供给困境、政治不稳定以及来自苏联的挑战，至少在西占区实现稳定局面对于美英来说具有重大意义。正是出于这样的考量，1947年1月1日英美两个占领区实现合并，并做出了一系列旨在稳定经济的努力。这两个步骤都已经朝着建立一个西部的分裂国家设想发展。1948年4月20日至6月2日在由三个西方盟国及比荷卢三国共同出席的伦敦六国会议上所达成的协议①正是这一发展的结果。这也为制定基本法并建立德意志联邦共和国铺平了道路。

这条道路也为西占区及各州民主政治家们目标明确地向前推进。在一个至少是部分德国的框架内进行重建的前景相比担心由此会加剧德国分裂的合理担忧更为重要。1948年9月1日德国议会委员会成立，政治权力也同时随之发生转移。当作为各州代表的州长逐渐放下迄今为止所扮演的领导角色，政党政治家的重要性不断增加。议会委员会为其主席康拉德·阿登纳（CDU）、理事会主席卡尔洛·施密德（Carlo Schmid, 1896—

---

① 六国在伦敦会议上达成西占区合并的协议。

1979，SPD）以及其他著名议员如特奥多尔·豪伊斯和托马斯·德勒（Thomas Dehler，1897—1967）——二人均为自由民主党成员——提供了一个合适的政治舞台。

根据内部达成的一致意见，议会委员会凭借基本法制定了一个纯粹的临时性方案，即"紧急手段"（卡尔洛·施密德），它或有可能打开德国重新统一的大门而无须为此举行公投仪式。新的国家权力被严格掌握在议会手中。无论其意愿如何，联邦议会都是经过选举产生的议会制政体的中心，它不仅不会被解除政治责任，更多是要承担起这一责任。它不能像魏玛共和国国会那样被轻松解散，也不拥有自我解散的权力。联邦议会只能通过选举新一届政府才能推翻政府，任何直接民主的手段、关于进行公民公投的请求和公投都无法破坏其立法决策。毫无疑问，如果一定要说从历史中汲取教训的话，那就是议会委员会严格按照其代议制民主的组织章程，有意识地制定出一部"反魏玛"宪法。这样一来，基本法就成为德意志联邦共和国的有效保障。经过相应的补充和修订，基本法早已从"临时措施"变为具有完全效力的宪法。它为那些正在发挥作用的政治游戏制定规则，使之标准化。尽管没有直接民主参与，基本法还是充分具备了可供改变的灵活性以及在转型时期保证其延续性的规范效力。

1949年5月23日成立的联邦德国在短短几年之内一跃成为西方阵营中拥有较大同等权利的盟友,并于1955年获得主权;而在回顾这段历史时,首先都会将之与首任联邦总理的名字康拉德·阿登纳联系起来。诚然,在此过程中,大部分对他有利的因素都超过其本人的可能影响力。首先是东西方阵营矛盾的加剧以及美国的政策向"遏制"苏联的全球战略转变。按照这一逻辑恰恰要求西德拥有自己的防御力量,并由此构成刚刚建立的联邦德国在国际地位上的重要提升。就在一个超国家的"欧洲防务共同体"计划因为法国提出异议而导致失败后,1954年联邦德国成为北约全权成员国并取得由1955年5月《巴黎条约》(*Pariser Verträg*)确认的国家主权的道路已畅通无阻。此外,法国这个比西方阵营中的其他任何国家都更害怕德国重新崛起,而又在英美两国的压力之下不得不同意西德重新武装的国家,却能凭借一个建设性的解决方案消除其进退两难的矛盾局面并成为欧洲融合的推动者。1950年5月9日发布的"舒曼计划"(Schuman-Plan)与欧洲煤钢共同体一起共同孕育了今天的欧盟。同时,传统的德法对抗也开始让位于两国经济合作种种要素,并最终为德法友谊所取代。

这些在战争结束时无人敢预言的局面并非阿登纳的杰作，但他却懂得以某种方式来对此加以利用，这使得他在西方国家获得信任，并在联邦德国开启了对自由和富裕的憧憬。事实上，几乎无可否认的是，拥有这位具备历史经验和惊人干劲的"来自莱茵河畔的长者"，对于年轻的联邦德国来说是一种幸运。尽管也有人激烈反对阿登纳融入西方政策。有的人出于和平主义和中立主义的原因拒绝重新武装联邦德国及融入西方政策；另一些人则不能理解为什么仍处于被战胜国占领和保护之下的德国人要为西方大国"火中取栗"。这两类人一致认为，融入西方政策会给德国重新统一前景蒙上阴影。正因为如此，无论是在当时代人之中，还是在历史研究当中，有关阿登纳政策替代方案都被反复激烈争论。这位前科隆市长即使没被人视为乔装打扮的莱茵分裂主义者，也让不少人觉得他在民族问题上并不可靠。一部分针对阿登纳的激烈批评甚至直到两德统一之后才日渐沉寂，但也不能就此为他的政策添补上诱发1989年事件发生的连续线性因果关系。

在阿登纳看来，与西方联合的意义不仅是出于安全政策的考虑。联合西方意味着消除曾经在德国占据优势的普鲁士（军国）主义、民族主义和社会主义，即消除一切他深信在历史上造成灾难的因素。因此,除了要确保德国在面对苏维埃帝国日益显现的扩张及威胁企图时的安全外,对阿登纳来说,融入西方也意味着获得永远保护德国人免受其心魔——民族主义的狂妄与介于东西方之间的特殊道路——侵害的最佳机会。另外,也只有与西方联合才能够开创完善联邦德国合法地位及长期获得国际法上平等地位的前景。按照阿登纳的策略,只有在这样一个地位稳固的基础之上才有可能实现日后于与另一半德国的重新统一。但不管人们如何看待这一切,即使是阿登纳的反对者也不否认,最终他是这个民主政体值得信服的代表者。这是一个冷静、清醒的民主政体,它在放弃了激情与外在光芒的同时也舍弃了用来解释世界的意识形态。对于战后的德国人来说,他们曾经经历过、容忍过或也参与过的极权主义意识形态、被煽动起的激情和表面的辉煌,直至迎来苦涩结局,毫无疑问现在才是最好的民主。

在1933年经历过失败的德国民主主义者的这场再出发中不难看出一个更深层次的意义:对于重建来说,一个很必要的历史前提是从两个方面剥夺那些想要完全巩固反西方的德国"特殊道路"的势力的权力。纳粹主义剥夺保守派精英的权力带来了自身的崩溃。只有彻底否定所有那些曾经污蔑西方民主及其多元社会理念为"非德国的""机械的",并且要在政治上加以驳斥的势力的合法性,对于民主主义者而言才真正扫清了前进的道路。同时这也意味着,德国第二个民主政体绝不仅仅是战胜国的一份"馈赠"甚或"许可"。尽管没有盟国占领者的预先设计,就根本无从想象联邦德国的历史,但如果没有那些始终以西方立宪国家为导向的德意志传统,那么盟军的政策也会无果而终。而即使是在占领国的高度监视下,首先也是德国人自己对过去的错误发展及未来种种宪政可能加以讨论。因此,联邦共和国、基本法以及新生的西德(国家)的西方导向毫无疑问也拥有着德意志根源。

然而,一场反西方的德国特殊道路的试验在1945年以后只在德国部分土地上终结了,这同样有着深刻的历史象征意义。如果说纳粹政权和第二次世界大战是20世纪德国"特殊道路"发展到顶峰的话,那么德意志民族国家被击溃及德国的分裂则可以说是它的历史后果。以民主手段合法融入西方与另一个德国以专制手段贯彻苏联化形成的对照,使得"民主与专制"这个宏大的德意志主题在1945年之后依然暂时存在下去。

第二节　从苏占区到民主德国

虽然仅从表面来看,苏联占领区的新开端也是以"民主化"为导向,甚至有人可能会惊讶于这一进程要比西占区开展得更早,因为1945年夏这里就已允许重新建立政党了。但很快就证明斯大林、苏联军事管理委员会及莫斯科于1945年4月30日派往德国的"乌布利希小组"①(Gruppe Ulbricht)对"民主"有着不同的理解。按照较传统的"统一战线策略"构想,并且在"反法西斯"动员的语境中,民主被认为是共产主义领导下的"人民民主"。两大工人政党的统一问题就很典型地反映出这一点。尽管毫无疑问,许多德国共产党及社民党党员真心实意地希望朝着一个大规模的统一工人党的方向发展。但匈牙利和奥地利的共产党人在1945年11月的自由选举中遭遇的重大失利,迫使苏联军管会和东德的德国共产党领导层迅速联合起来,否则它们也将同样在苏

---

① "乌布利希小组"是一支受苏联领导、由德国共产党干部与"反法西斯战俘"组成的小组。1945年4月30日"乌布利希小组"返回德国,他们除了支援苏军重建战后德国公共生活及对柏林的管理外,还参与筹备政党、工会及其他组织的建立。该小组以小组领导人、德国统一社会党创始人之一的瓦尔特·乌布利希命名。

占区面临丧失大众影响力的巨大危险。然而，德国共产党宣传推动统一的力度有多大，社民党人对于（两党）合并的狂热消逝得就有多快。当苏占区的社民党基层党员被禁止自由表达观点时，1946年3月31日西柏林仍有超过80%的（社民党）党员反对立即与德国共产党合并，尽管大多数人仍一如既往愿意与之合作。然而，在苏联势力范围内，反对合并的人因为遭遇恐吓、强制直至逮捕而噤若寒蝉。当苏占区两大工人政党在这样的一种外部压力下于1946年4月21—22日合并为德国统一社会党（Sozialistische Einheitspartei，SED），在德国东部通往共产主义专政的道路被确立了下来。

在这样的形势下，其他政党如基督教民主联盟和德国自由民主党（Liberaldemokratische Partei Deutschlands，LDPD）在苏占区也就没有真正民主参政的机会了，更确切来说，是在占领国领导下，在双占区及联邦德国成立的相互影响下，苏占区朝着对巩固另一半社会主义德国的方向努力。当然这并不意味着苏联领导层因为社会主义导向就对德国统一丧失了基本兴趣。作为回敬伦敦六国会议而开展的"人民代表大会运动"因此也有着双重目标：一方面，它应该至少在宣传上发挥出影响全德国的作用；另一方面，考虑到正在形成中的西德，应当致力于促进东德的成立。1949年5月举行的第三次人民代表大会选举完成了这一过程，但在恐吓的气氛中它显然缺乏民主的合法性，仅有由统社党列出的统一清单可供选择。

1949年10月正式成立的德意志民主共和国从一开始就明显缺乏民主性。此外，在苏联的庇护下，统社党同样借助恐怖手段及由政治利益驱动下的司法武断来实现其全面统治的目的。曾经的纳粹集中营，如布痕瓦尔德集中营被作为"特别监狱"继续使用，而纳粹时期不少政治犯如今重新成为被迫害的政治犯。所有这一切与联邦德国的经济繁荣让不少东德人看不到任何前景，转而向西寻找个人机会。其结果是直到1961年开始建造柏林墙之际，脱离民主德国、奔向联邦德国的逃亡运动始终未曾间断。与此同时，在这个统社党国家中，不满（的情绪）不断增长。1953年的"6月17日起义"的本质是工人起义，但同时也具备了反政府的全民运动的潜力，它使抗议示威达到了顶峰。这场运动的导火线为工业领域生产标准的提高，一开始只是社会性抗议，很快就进入政治层面。然而，在这场起义成燎原之势前，就遭到了苏联军队的镇压。对于东德领导层来说，"6月17日"是一次打击，因此只能宣称起义是一场由西方间谍操纵的"法西斯"行为才能令人接受。相反在联邦德国,"6月17日"却成为象征东德人民渴望自由与统一的"德国统一日",当然,对这一处理背后的对(东)德政策的时机问题的争议性讨论日益增多。

民主的缺乏和"6月17日"事件并未能掩饰东德在50年代的稳定局面。在大批信仰坚定、带有理想主义色彩的党员——当然也有不少投机分子——的支持下,统社党成功使得国家和行政、经济和社会、司法和教育服务于自己的统治目的。尽管许多西德人不愿意承认这一点,但民主德国的确建立起了一套社会主义国家的特殊规则,这一点根本无法继续被忽视。因此德国重新统一的前景在整个50年代期间都变得渺茫,尽管也有人满怀热情地讨论过,例如有关1952年年初"斯大林照会"①(Stalin-Noten)的讨论。事实上伴随着东西方阵营对立格局的形成,德国内部的界线也被固定下来,然而由于联邦德国对这一边界完全不承认导致了原本只是嘴上说说的德德政策停滞不前变成了现实。直到60

---

① 1952年3月斯大林向英美法提出签署一个旨在推动德国重新统一、普选及军事中立化的和平协议,但由于在统一后的疆域及选举产生新政府问题上存在分歧,该方案遭到了西方国家的反对;同时该方案也未得到阿登纳政府的认同。

年代初，当两个超级大国的全球核对峙出现缓和迹象，德国政策活动空间才重新有所拓宽。

回顾德国民族主义与纳粹政权所犯下的深重罪孽，总的来说是耸人听闻的：在希特勒的统治下，德国人让整个欧洲都充斥着暴力与种族灭绝。但现在他们不得不承担这一后果，对东部地区及民主德国的民众来说尤其如此。第二次世界大战的结果在50年代中期清楚地呈现在所有人面前：德意志民族国家的"特殊道路"走向灭亡。德国人为其倒行逆施付出了历史的代价：一面是丧失东部领土，一面是长期的国家分裂。

第五章
分裂的德国社会和政治

第一节　从阿登纳到大联盟的政策延续与变化

德意志联邦共和国的早期历史与"经济奇迹"的经历密不可分。从废墟、残垣和大众贫困中以惊人的速度实现多数人富裕及为所有人提供一定保障的过程,难道不是奇迹般的经历吗?此类观点不仅出现在战后初期的黑暗时光中,早在1933年以前晦暗不明的局势下便已经出现。通货膨胀和世界经济危机所带来的创伤体验烙印在德国人的集体记忆中;与之相比,联邦德国初期富有活力的经济腾飞的确带来了一些全新的"美好"事物。

然而，要认识到20世纪50年代的经济发展本质上并非如表现得那样"美好"，就必须更仔细地加以观察。一方面，经济繁荣完全是自19世纪末以来的一个长期趋势，尽管两次世界大战曾在很大程度上对此造成消极影响；另一方面，与其说这一繁荣仅涉及德国的发展，不如说是整个西欧在50年代都经历了持续时间较长的繁荣发展，只是在联邦德国表现得尤其有活力。此外，50年代的经济景气似乎还具有一种"弥补性"的特征。如同其他欧洲工业国一样，联邦德国直到战争结束时仍拥有大量生产力储备及在此基础上可以动员起来的重建力量。虽然战争的破坏加上拆卸机器设备让固定资本有所减少，但是与当时人们所认为的情况有出入的是，固定资本总体来说却还处于一个良好的可运转的状态。东欧国家驱逐德意志人的行动及由此带来的人口迁移尽管在短期造成很大困扰，但从长期来看，它也为联邦德国提供了大量有资质、有积极性的劳动力。除此之外还有来自美国的经济援助以及一个自1951年起急剧扩张的世界市场，这一市场是有着明显出口导向的联邦德国经济无论如何都能够铆足了劲分得一杯羹的。而凭借着1952年的《伦敦债务协议》（*Londoner Schuldenabkommen*）及同年9月10日与以色列达成的

《补偿协议》(*Wiedergutmachungsabkommen*),联邦德国还获得了它所急需的国际信誉。

对"经济奇迹"具有进一步决定性意义的则在于国内市场的急剧扩大。由于实际工资显著增长,联邦德国在50年代就迈入了"大众消费"阶段。首先是对耐用工业消费品(如厨房设备、汽车、电视机等)的需求成为经济发展的一个重要因素。世界市场扩张和国内需求增长这两个因素使得西德在50年代能够全面发展工业,并成为一个"成熟的"工业国家。而在经历了最初的重重阻碍后,联邦德国得以在50年代末期几乎实现了全民就业。

在经济腾飞、实际工资增长和全民就业的背景下,联邦德国社会在50年代和60年代经历了一次根本性的"现代化"的过程。这一现代化进程首先产生的结果是社会差距的缩小,即逐步消除了旧的等级及社会界限,这主要源于几大因素的推动。首先,1945年帝国崩溃之际,从广泛蔓延的"零点"(Stunde Null)[①]情绪中产生出一种深刻的社会心理效应:物质匮乏作为普遍社会

[①] "零点"本是一个军事术语,但在1945年之后被用于形容德国社会在经历战争失败与纳粹政权崩溃后普遍出现的希望无条件重新开始的情绪。

现象而被广泛接受，这使得传统社会差异变得不再重要——这种意识借由货币改革和普遍征收的"人头税"（最初为40马克）得以加强。此外，庞大的难民潮以及让难民融入的必要性令社会关系发生了转变，而这一转变同时也瓦解了传统的纽带关系。

此外，还出现了另一种拉尔夫·达伦多夫（Ralf Dahrendorf，1929—2009）早在1965年就指出的情况：尽管纳粹政权制定了那些返祖的和种族主义的目标，但它却很偶然地形成了一种可以被感知的划时代影响，新成立的联邦共和国也从中获益。这便是与威廉帝国和普鲁士传统关系密切，并因此在1918年后对民主政体敬而远之的军、政及官僚体系中的旧精英，被纳粹政权不可逆转地夺取了权力，尤其是易北河东部的农业地主精英阶层。他们不仅在世界大战和1944年7月20日之后就蒙受巨大物质损失，东部领土的分离及苏占区的"土地改革"更剥夺了他们的经济生活基础。尽管这些受害者深感自己命运多舛，然而易北河东部贵族阶层的崩溃却为战后的联邦德国社会减轻了负担。要理解这一点，就必须对易北河东部农业经济的长期结构性危机有一个清晰的认识：在帝国时代和魏玛共和国时期，这一危机的处理始终倾向于通过增强政治影响力平衡其棘手的经济环境。而通过对易北河东部贵族阶层的影响力加以控制，当代德国史社会经济基本问题中的核心问题之一也就不复存在了。

社会现代化的另一个重要推动力来源于经济发展本身的动力。特别是对工人阶级来说，财富的增加也源源不断地为他们带来了参与社会和文化事务的机会。"有阶级意识"的无产者连带其独特的生活方式、与之相应的价值观及为其代言的组织，在联邦德国社会中成为少数现象；而约瑟夫·莫瑟尔（Josef Mooser）所说的"告别无产状态"则与一个极为重要的文化平等观念联系在一起。50年代不仅被打上了对消费品需求不断膨胀的烙印，在经历了20年代和30年代最初的发展推动之后，它还经历了消费与文化的民主化进程。因此，这不仅仅是厨房设备、吸尘器和汽车的十年，同样也是电影院及业已开启的大众旅游的十年。至少在文化领域，传统的阶级矛盾已经开始越发趋于缓和。

当时的社会学研究也尝试描绘已经产生变化的联邦德国社会结构——这个"处于熔炉中的阶级社会"[特奥多尔·盖格尔（Theodor Geiger）]。其中最具影响力的是由赫尔穆特·舍尔斯基（Helmut Schelsky，1912—1984）提出的"平均化中产阶级社会"的概念，它相比结构调整，其实更多牵涉的是西德社会的自我认知。因为在涉及社会财富的实际分配时，几乎无法证明确实存在一个真正的平均化。工资率保持稳定，而自主创业者和雇佣劳动者之间的收入差距同样继续保持不变。但是大多数德国人仍希望告别阶级社会，抛弃社会冲突的那些旧模式。与之相对的目标就是，在强调个人劳动效率的情况下尽可能为更多人创造尽可能多的财富。"平均化中产阶级社会"的口号就赋予了这样的社会自我认知以恰当的表达，如此就为政治特殊道路的终结奠定了社会和文化根基。

在西德成立之初，没有人能预见到这个国家会保持长期稳定，但对于这种稳定性而言，仍有一些其他的因素在发挥决定性作用。50年代经济的持续繁荣以史无前例的方式扩宽了公共收入的分配空间及制定社会政策的可能性。社会福利支出比例在50年代期间之所以基本保持稳定，在于这些对于社会政策领域的巨大创新可以从经济增长中获得资金。这对于联邦德国历史而言意义不容低估，尤其人们了解到魏玛共和国曾经作为"福利国家"及采取国家干预的政府因缺乏公共收入的分配空间而负担如何之重。积极的社会政策原则上是符合"社会市场经济"[阿尔弗雷德·米勒–阿马克（Alfred

Müller-Armack)]的设想,它在1949年联邦议会选举中被基民盟纳入党纲。这里指的是一条介于完全经济自由主义与全面福利国家之间的中间道路。尽管全面福利国家的设想遭到否定,但责任自负与自由竞争却被视为经济发展和实现社会富裕的决定性动力。当然在现实中联邦德国也很快找到了与国家干预下的福利国家这一德国传统相连的结合点。事实上,今天很大程度上已经从人们意识中消失的50年代,其特征也是福利国家的扩展。这里涉及的不仅是1961年引入取代传统济贫手段的现代社会救助,或者是1954年引入的儿童金。更为重要的则是1952年8月14日颁布的至少保障难民及因货币改革蒙受损失的群体能得到少量补偿金的《战争损失赔偿法》(*Lastenausgleichsgesetz*),尤其是1957年推行的养老金改革。"弹性养老金"制度的引入无疑是50年代最重要的社会福利政策措施了,其划时代的意义首先在于由改革完成的根本性制度转变。在此之前的养老金制度,其核心可以追溯到俾斯麦社会保险的制度,在魏玛时期已经临近其保障能力的上限。而当时出自旧养老金保险制度的资金已不足以阻止那些被称为"领取社会保险养老金的人"因为年迈而陷入贫困的趋势。在普遍的经济腾飞与实际工资大幅度增长的时期出现如此情况，就真正演变为问题，甚至招致社会不满情绪。

在此背景下，1957年的养老金改革就为联邦德国铺平了走向现代福利国家的道路，但这一改革是阿登纳顶住来自经济学家、财政政策专家及雇主联合会的反对才得以实现的。除了当前的养老金大幅提高，今后养老金不再用作生活开销补贴，而是完全由工资替代，这应归功于将养老金与税前工资增长的动态对接。对于50年代的联邦德国而言，这是一项意义重大的社会政策成就，它从根本上构筑起民众对于这个新生国家的信任。即使在当前德国的养老金体制因为诸如忽视有子女家庭而遭到大量批评，这一点仍必须得到肯定。

与此同时，阿登纳时代也逐渐接近尾声。虽然这位"长者"带领他的政党在1957年的联邦议会选举中获得了绝对多数选票，因此达到受民众欢迎程度的巅峰，但此后不久就不断有迹象表明，阿登纳的全盛时期也已过去。在经过1959年所谓的"总统危机"之后——他最初只是为了让自己能成为即将卸任的联邦总统特奥多尔·豪伊斯的后继者而宣布参选，只是很快便宣布收回成命①，然而他也因此被不断要求放弃总理职位。1961

---

① 参选联邦总统也意味着放弃总理一职，但阿登纳很快就反悔了。他放弃成为总统候选人，并1959年6月5日，阿登纳

年8月柏林墙的修建更强化了这一观感。但最终,阿登纳在自由民主党(FDP)的催促下选择让步,宣布于1963年秋下台,这才在1962年秋爆发的"《明镜》危机"①中全身而退。

"顺理成章"接替阿登纳的则是除阿登纳本人外对联邦德国的早期历史产生最持久影响的政治家:经济部长路德维希·艾哈德(Ludwig Erhard,1897—1977),被媒体大肆宣传的"经济奇迹之父"。但这两个曾经可以在政治上天衣无缝互补的不同个体,却在年复一年中渐行渐远。尤其是阿登纳完全不认可艾哈德的外交能力,他更因此要求艾哈德放弃成为下一任联邦总理。然而艾哈德却希望总理能够推举自己为继任者,并以其职务优

(续上页)发表广播讲话,宣布鉴于"当前外交形势恶化",他"不能不负责任地离开现在的联邦总理岗位"。

① 1962年10月10日,德国新闻周刊《明镜》报道了代号"Fallex62"的北约军事演习,报道对联邦军队的军备实力进行了严厉批评,并招致阿登纳政府极度不满;10月26日大批警察对《明镜》位于汉堡的出版社大楼进行搜查,多名编辑遭到逮捕,报道作者康拉德·阿勒斯(Conrad Ahlers, 1922—1980)也在西班牙被捕。随后这一政府侵犯新闻自由的事件引发德国社会强烈不满并最终导致阿登纳政府的政治大地震:包括事件直接策划者、国防部长弗朗茨·约瑟夫·斯特劳斯在内的五位部长引咎辞职。阿登纳亦受此事件牵连,最终黯然下台。

势给予支持，由此便产生出一个无法调和的矛盾：它严重到影响两人关系，并使之持续恶化，最后导致两人彻底分道扬镳。

艾哈德最终仍成为阿登纳的继任者，这一事实虽然与他的雄心壮志相符，但在其总理任内却处于前任的深深阴影之中。其间颇具讽刺意味的是，经济上的超速增长使得作为经济部长的艾哈德在政治上获益丰厚，然而在他担任联邦总理期间却遭遇了西德经济发展过程中富于活力重建时期的终结。尽管他在其总理任期的前两年还能够凭借良好的经济景气数据及受欢迎程度来维持，但在1965年9月19日基督教民主联盟以47.6%的得票率勉强获得绝对多数选票的选举胜利背后，实际上已经蕴藏着一个之前明确建立起来的三党体系的深刻变革。自由民主党从这位自由主义的"人民总理"处完全得不到好处，并且在选举之后党内开始蔓延无法跨越"百分之五限制条款"[①]的担忧，该党的不满情绪也就日渐明显。另一方面，社民党在政治纲领方向上的转变则取得了更

---

① 德国联邦议会实行两票制选举，其中第一票选出选民所在选区的候选人，当选者直接进入议会。而第二票则用于选举政党，各政党只有第二得票率达到5%才能进入议会并决定获得多少议席，这一规定就被称为"百分之五限制条款"。

多的成果。不论1959年的《哥德斯堡纲领》如何重视社会民主主义理论构建的持续性，它都标志着社民党从阶级政党向全民党的过渡。这也意味着在经历了仅在少数联邦州如黑森和下萨克森组建政府后，该党逐步在联邦层面上具备执政能力并成为潜在的大联盟伙伴。

随着形成一个大联盟或社会自由主义联盟可能性的出现，基民盟－自民党联盟垄断联邦一级权力的时代已近尾声。但此类联盟政治与议会层面上的新选择也激发出艾哈德批评者的想象力，并描绘出种种"没有艾哈德"或"反艾哈德"的政府格局。事实上，艾哈德的威望在1965年的联邦议会选举之后便一落千丈。他提出对威胁经济稳定的因素采取措施，呼吁"适可而止"，以及"成型的社会"的构想，都仅获得少数人的响应。并且，当基民盟不得不于1966年7月10日承认在北莱茵－威斯特法伦州遭遇重大选举失败，艾哈德也即将成为下野总理。巴登－符腾堡州州长库尔特·格奥尔格·基辛格（Kurt Georg Kiesinger，1904—1988）则悄悄战胜其在基民盟内的对手赖纳·巴泽尔（Rainer Barzel，1924—2006）和格哈德·施罗德（Gerhard Schröder，1910—1989）[①]当

---

① 基民盟政治家，1953年至1966年间历任联邦内政部长、外交部长及国防部长。

选总理候选人，而迅速展开的联盟谈判也为组建大联盟铺平了道路。新一届政府多数派或能消除被各方一致认定的"改革阻碍"。1966年11月30日，艾哈德辞去总理职务，联邦德国第一代建国者最终随着他的下台而全数退隐。

第二节 步入现代化的联邦德国

至少从表面上看来，20世纪60年代与70年代之间的联邦德国历史充斥着激烈，甚至部分诉诸暴力的社会与政治代际冲突。基辛格、维利·勃兰特（Willy Brandt，1913—1992）、卡尔·席勒（Karl Schiller，1911—1994）和弗朗茨-约瑟夫·施特劳斯（Franz-Josef Strauβ，1915—1988）领导下的大联盟政府在应对经济景气政策的挑战时有多成功，在共和国内部制造的裂痕就有多深刻。它们给70年代带来了在其建立之初不曾经历过的种种内政危机，这些危机间或会让人联想到魏玛共和国。

当然，当时整个西方社会都遭遇着这样的冲击。在法国，这种冲击还阶段性地呈现出革命起义的特征。这场运动源于对经济体制、对遭遇市场"寒流"及对时政的某种隐约的不安。"反法西斯主义"、新马克思主义和反资本主义的因素在这场抗议运动中共同发挥着作用。战后出生的这一代是能够不受战争体验中的那些特殊问题影响的第一代人,他们反对这个并非由他们创立的社会。最终在此基础上短暂出现了表现为"六八年运动"的道德严肃主义与享乐主义的结合。

一项潜意识中始终存在的主要指控是针对父辈在纳粹时代袖手旁观,并在1945年后极力消除自己的集体罪责。"克服历史"因此成为一种新的推动力。更为重要的是,相比50年代,它已成为当时社会的道德标杆。此外,抗议运动还证实了西德在民主体制上存在的一个缺陷:他们认为在大联盟时期,在仅有自由民主党这个规模极小的议会反对党的情况下,尤其要对(执政)可信度加以指责。由于在代议制原则下,政治精英与社团干部拥有优势地位,基本法被证实缺乏政治规范的实质内容。因此,受被理查德·勒文塔尔(Richard Löwenthal,1908—1991)称为"浪漫主义倒退"(Romantischer Rückfall)①影响的"新左派"再次拿出20

---

① 勒文塔尔为德国著名政治学家,其理论对联邦德国议会民主制及社会民主主义的发展产生了重要影响。尽管勒文塔尔1947年出版《超越资本主义——社会主义的新方向》(*Jenseits des Kapitalismus: Ein Beitrag zur sozialistischen Neuorientierung*)在1967年得到社民党左翼及学生运动的关注,但他本人却警告学生运动

年代批判民主的旧范式：他们将民主理念的乌托邦式理想与大众民主的灰暗现实进行消极对比，并由此建构出一个西方国家政体普遍面临的合法性危机。从这一角度出发，德国宪法再一次让人觉得它仅仅保障的是"形式"民主。按照这一解读方式，基本法包含了一种通过"革命"才能兑现的"承诺"，正如汉斯·马格努斯·恩岑斯贝格尔（Hans Magnus Enzensberger，1929—）在1968年所要求的那样。尽管反对1968年《紧急状态法》立法的抗议活动最终并没有产生作用，但长期积累的不满已达到顶峰。

学生运动和议会外反对运动在其公认的知识分子领袖鲁迪·杜奇克（Rudi Dutschke，1940—1979）于1968年4月11日濯足节遇刺①后达到高潮。尤其是由围绕施普林格集团（Springer-Konzern）②所充当的社会政治角

(续上页)为"浪漫主义的倒退"，且脱离一个安全的西方体系是"革命的倒退"。

① 杜奇克：政治活动家，1968年西德（尤其是西柏林）学生运动的精神领袖与发言人。1968年他在西柏林遭遇一名反对者枪击头部及肩部，后经抢救保住了性命。

② 施普林格集团是德国重量级的新闻出版集团，至20世纪60年代旗下报刊已包括《图片报》《世界报》等，并入股了《柏林日报》和《柏林早报》。当时施普林格集团持保守立场，坚决反对学生运动，因而在其刊物上对学运多有批评，加之在刺杀杜

色的争论所煽动起的气氛中,联邦德国经历了由此引发的大众示威游行与街头冲突的戏剧性后果。但连接大学生、知识分子与工人阶级、工会的重要社会桥梁并未形成。和法国一样,参与联邦德国"68年运动"的仍主要是学术界的后起精英,至少从短期来看,这场运动的政治影响力迅速烟消云散了。

但绝不能因此低估这场运动所带来的长期政治影响。当一小撮好战分子全身心投入暴力和恐怖主义时,大部分"68年一代"却在社民党中寻找并发现了一个虽然还迫切需要改变,但与体制相一致的政治活动范围。相应的,社会自由党则做好了广泛准备,成功对议会外反对派抗议潜流加以引导,至少令其中的一部分融入进来。当然,那句因被勃兰特/谢尔政府拿来作为内政改革口号而广为人知,极具暗示性的关键词——"敢于推行更多的民主",并不能掩盖存在着它与大联盟时期存在连续性的事实。与"新"东方政策的情况类似,社会自由党联盟的内政展开并非没有任何前提条件,更确切地说,它是与已形成的发展相连,并将它们继续推进。

(续上页)奇克的凶手身上搜出了《图片报》有关反杜奇克的言论,从而在公共领域引发针对《图片报》乃至施普林格集团社会影响力的争论,直至爆发激烈的社会对立。

教育政策作为60年代至70年代的内政改革核心主题的一个案例便能够形象地说明这一点。自50年代末60年代初以来，西德教育体制遭到多方明确批评。早在1964年，格奥尔格·皮希特（Georg Picht，1913—1982）在其颇具影响力的畅销书《德国教育灾难》（*Die deutsche Bildungskatastrophe*）中就对这一批评的核心有过论述。皮希特预测，如果下一代接受大学教学的人数得不到明显增长，就会出现一个严重的"教育荒"，继而产生经济荒。皮希特的这些论点是教育政策酝酿变革的标志与催化剂，尽管这一点在1969年权力更迭之前便已显现并通过新建数所大学表现了出来。在教育政策达成的很大共识是要求充分利用人才储备，并实现教育机会的公平分配。在这种语境中，勃兰特/谢尔政府充满热情地开启教育政策的新起点，而其顶点则是将"公民受教育权"作为社会民主主义理念的基础。

但在勃兰特政府上台后不久，教育政策上的冲突就不断增加；这些冲突集中爆发于诸如综合学校、"定向阶段"①和综合高中一类的重点主题上。因此，在经

---

① 德国小学学制一般为四年，在一些联邦州，学生在进入中学阶段后最初的两年被称为"定向阶段"（5—6年级），这期间可以通过有针对性的学习要求和观察，确定学生的学习能力是否

历了70年代早期的改革热潮后,当教育政策首先在扩容方面达到数量上的极限,可能就会令一部分人感到失望。1965年至1980年间财政预算中的教育经费比例从11.2%上升到15.2%,文理中学学生在所有同届中学生中的比例从16%提高到了25%。与此同时,受建立高等专科院校的影响,大学生的数量从38.4万上升到100多万。而对此的总结应该一分为二地看待。毫无疑问,目前的创新乐趣已因为表现在大量法律法规中的国家管制威胁而失去吸引力。此外教育事业的开放也产生出新的瓶颈,这就导致了例如1972年开始对某些专业的入学名额加以限制。这种数量上的扩张最后是否也对教育质量产生了反作用,是一个至今仍在讨论的开放性问题。

回顾社会自由党联盟执政时期的外交政策,所能得出的结果则更加明确。因为无论维利·勃兰特的"新"东方政策在当时是多么富有争议,但回过头看这个政策的成功之处,更多是偏向实用主义和全新的灵活性,并由此取得两个德国相互接近以及与整个东方阵营关系的突破。当然,"和解政策"仍然是被打上了东西方对立烙印的国际关系的大规模变革。50年代末和60年代初,

---

(续上页)适应其选定的学校类型(如文理中学、实科中学或普通中学)或需要对此进行调整。

由于陷入全球核危机，这样的观点被广为接受：尽管存在意识形态的对立，但现有的权力和势力范围仍不得不作为二战的结果被接受。如果铁幕两边的人们迫切地希望取得实质性的进步，那么就必须承认这一现状。

就德国的情况而言，这就涉及已经丧失的东部领土和国家的分裂。因此，由埃贡·巴尔①（Egon Bahr, 1922—2015）提出、具有启示的"以接近求变化"口号形成于60年代的柏林并非偶然，因为那里是一个通过建墙来固化城市分裂，并令人深感痛苦的地方。和他的亲密幕僚埃贡·巴尔一样，维利·勃兰特的主要目标也是让德—德关系在人道主义上变得可承受，并让柏林墙变得更容易通过。因此，改善与华约国家的关系就成为一个绝对必要的前提条件。

1969年10月组建政府之后，勃兰特、外长瓦尔特·谢尔（Walter Scheel，1919—2016）及新任外交部国务秘书埃贡·巴尔就毫不迟疑地将这种新构想转变成实用政治。勃兰特从保证边界可以互相通行的观点出发，成为首位通过政府声明明确放弃两德重新统一诉求的联

---

① "以接近求变化"是巴尔1963年6月在巴伐利亚发表的一篇演说的标题。当时他担任西柏林的媒体及信息部门主管，同时也是勃兰特市长任内（1957—1966）的市政府发言人。

邦总理。此外，勃兰特还不留情面地回顾了这场民族分裂中德国自身的种种原因及"希特勒政权是对民族的背叛"，从而重新定义德国分裂的因果关系。虽然东方政策的每一项措施都受制于国际法上继续存在四大国对作为整体的德国的占领责任，制定规章或签署和平条约因此尚无法实现；而与苏联长达数周的马拉松式谈判后所取得的一揽子协议也无法对未来的德国产生约束力，但这一政策仍然是一种突破。在1970年8月12日签署的《莫斯科条约》(*Moskauer Vertrag*)中，西德和苏联保证放弃武力且互不破坏已有边界——包括奥德河—尼斯河边界及两个德国的分界线。勃兰特和谢尔试图通过该条约的附属文件《关于德国统一的信函》(*Brief zur deutschen Einheit*)保留德国统一的问题，但对这一附属文件的国际法约束力仍存在争议。

苏联将《莫斯科条约》解读为对其帝国的正式承认；联邦德国政府则赢得了东方政策，尤其是德国政策的活动空间。其结果是至1973年形成了与波兰和捷克斯洛伐克签署的类似条约，《柏林四强协定》(*Viermächteabkommen über Berlin*)[①]以及与民主德国签

[①] 1972年6月3日签署，协议明确将柏林与德国视为一个整体，同时还建立起东西柏林之间的联系。

订的《两德基础条约》(*Grundlagenvertrag*)。通过《两德基础条约》，民主德国在联邦德国承认其国际地位的情况下获得了几乎所有被国际社会认可后的权利。联邦德国方面得到的好处则是在出入柏林的旅行管制、小规模的边境交通及西柏林人探访权方面的明显松动。这些政策连同当时允许派遣西德记者前往民主德国及业已有所改善的家庭团聚可能性一起，至少在一定程度上弱化了柏林墙的影响。事实上在70年代和80年代期间，两德间的往来已很频繁，双向旅行者的数量均有所增加，德国分裂深化的趋势暂时被遏制。除了人员接触较为容易外，东德加入《联合国宪章》及1975年参加在赫尔辛基举行的欧洲安全与合作大会也起到了一个长时间内都不能忽视的作用，在这次会议上确立的基本权利和人权准则在80年代为东德反对派提供了一个重要依据。

此外，勃兰特东方政策的成功还突出表现在这一政策的基本原则得到施密特及科尔的继续推进。1982年至1983年所谓的"转变"①完全没有改变联邦德国及东

---

① 1982年至1983年"转变"时期指的是1982年10月1日时任联邦总理赫尔穆特·施密特因基民盟、基社盟及自民党多数发起不信任投票辞去总理一职，从而终止了从1969年起由社民党主政的时代。接替施密特担任联邦总理的是来自基民盟的赫尔穆特·科尔。

方政策走向。即便到了70年代末80年代初，因阿富汗战争、苏联投入中程核导弹扩军备战及北约双重决议而在很大程度再度激化的东西方冲突，联邦德国政府却依然保留勃兰特和解政策的基础。这也构成了德国和欧洲在米哈伊尔·戈尔巴乔夫（Michail Gorbatischow，1931—）上台后成功克服分裂的一大重要前提。

从70年代末开始，经济和社会政策问题丛生的局面再次引发关注，外交政策的持续性也与之相关。事实上，1966年至1967年的经济危机已经让当时的人们意识到经济周期是颠扑不破的市场经济规律，同时也让他们认识到，"经济奇迹"并不是一个可以被任意延长的常态。在依赖世界经济的情况下，联邦德国开始进入一个对这个年轻国家而言尚不寻常的新阶段——经济衰退。1966年至1967年的经济衰退还能立即加以补救，并且直至70年代初，德国经济甚至还能再次刷新增长纪录，然而石油危机带来了骤变。1973年和1979年的两次石油危机深刻烙印在世界经济中，世界贸易增长放缓，同步发生的还有80年代初开始的世界经济危机。这场危机对联邦德国这个缺乏原材料、依赖石油进口与出口贸易的工业国造成了尤为深重的影响。第一次石油危机导致其1975年国内生产总值负增长1.4%；第二次石油危机又引发了一波经济衰退，这使得1982年国内生产总值出现0.9%的负增长。同时，失业人数直线上升。从1973年至1975年，失业率翻了数番，从从业人口的1.2%上升至4.7%。第二次石油危机对劳动力市场造成的后果则更为严重：1980年登记在册的失业人口数量为88.89万，尚不足100万（3.8%），而到1983年这一数字很快就增至220万人以上（9.1%）。大规模的失业犹如幽灵一般束缚着联邦德国，而在长期经济繁荣时期，不少人曾经希望将这个"幽灵"彻底赶出德国历史进程。但事实上整个80年代登记在册的失业人员数量再也没有低于200万，联邦德国的内政与社会氛围都受到了大规模结构性失业的深刻影响。

当然，上述经济问题以及伴随它们而来、在1980年前后普遍存在的危机感并不能单纯归因于石油危机的短期影响。正如历史上的危机时期的多数情况一样，在科尔政府初期也聚集了伴随长期发展进程而来的现实问题，这一问题局面很自然地让人感觉要采取具突破性的改变。70、80年代一定程度上构成了大规模经济和社会结构转型的阿基米德支点，推动这一转型的动力因为当时种种危机现象的催化而得以增强。一方面，传统的、长期为人熟知的经济与就业模式已陷入一个危及其自身存在的危机之中,例如之前主导工业化的行业部门——煤炭和钢铁,但也包括轮船制造以及所有只有依靠国家提高补贴才能继续维持的行业。但另一方面,从70年代晚期到80年代在像计算机技术这样的领域又涌现出多种全新的现代行业,它们具有巨大的经济活力,并开启了新的未来之机。

西德的经济和就业结构转型加速朝着不利于第二产业,但有利于第三产业的方向发展。这一点自60年代开始有迹可循,但它的开端仅仅只是可以追溯到20世纪前30余年的工业及服务业特殊转型进入了一个新时期。但在60年代末期至80年代末期这20年中,不仅仅完成了农业的边缘化;同时,工业生产部门的从业人员比例从约48%降至约38%,而同期第三产业的从业人员比例却从约40%升至超过58%。

年份	总就业人口		农、林、牧、渔业		工业生产		贸易、交通及其他服务业	
	单位:1000人		单位:1000人	%	单位:1000人	%	单位:1000人	%
德意志(帝)国范围								
1882	18957		8237	43.4	6393	33.7	4324	22.8
1907	28092		9883	35.2	11256	40.1	6953	24.8
1925	32009		9762	30.5	13239	41.4	9008	28.2

续表

1933	32296	9343	28.9	13053	40.4	9900	30.7
1939	35732	8946	25.0	14580	40.8	12206	34.2
联邦德国范围							
1939	22189	5373	24.2	8982	40.5	7834	35.3
1950	23489	5196	22.1	10506	44.7	7787	33.1
1961	26821	3587	13.4	12908	48.1	10327	38.5
1971	26802	2203	8.2	13029	48.6	11569	43.2
1980	27904	1403	5.0	11721	42.0	14781	53.0
1989	28826	1066	3.7	10950	38.0	16810	58.3

来源:《1872—1972人口与经济》(*Bevölkerung und Wirschaft 1872—1972*),联邦统计局出版,斯图加特/美因茨,1972年,第142页;《1990年统计年鉴》(*Statistisches Jahrbuch* 1990),第94—95页。

一方面,这张表格显示了这个长期性结构调整的连续性,严重的战争影响也没有改变其运动方向;另一方面,在这种连续性背后隐藏的事实是并非所有行业都在同等程度上受到70年代石油危机影响:当工业生产部门认识到必须采取大规模的合理化措施以保持国际竞争力的同时,服务业却证明了自己在很大程度上并不依赖于经济周期,而这场危机则加剧了这一长期趋势。

面对70年代末所呈现出的诸多问题,1974年上任的社民党籍联邦总理赫尔穆特·施密特（Helmut Schmidt，1918—2015）首先是一位能干的危机处理专家。然而，即便社会自由党联盟在1980年10月5日赢得联邦议会新一轮选举的胜利，也只是在短时间内掩盖住了联盟内部日益关系紧张的事实。社会自由党联盟的共同利益已彻底耗尽的迹象在1981年就已经出现，到1982年则变得越来越明显。在超过12年的执政期之后，新一轮的"权力更迭"一触即发，此次权力更迭是通过1982年10月1日联邦德国历史上首次成功行使建设性不信任投票得以完成的。由外长汉斯-迪特里希·根舍（Hans-Dietrich Genscher，1927—2016）和联邦经济部长格拉夫·兰布斯多夫（Graf Lambsdorff，1926—2009）领导的自民党完成了联盟更迭并由此开启了长达16年的资产阶级自由联盟执政时期，前莱茵兰-普法尔茨州州长赫尔穆特·科尔（Helmut Kohl，1930—2017）也成为一位小地方政治家出身的联邦总理。尽管他在1976年、1983年和1987年已持续取得不错的选举成绩，但却得不到知识分子群体的支持。特别是他以一系列颇具象征性的姿态推动历史意识与"国家"认同的塑造遭到大部分媒体和公众的拒绝。

还没有厘清并需要进一步研究的问题则是，1982年到1983年间在联邦德国文化和政治领域是否真实存在过一场"转变"？毋庸置疑的是新一代领导人挥别了70年代早期的改革乐观主义。这一对（西德）早期社会进步模式的拒绝是通过一种双重形式得以完成的。一方面，脱胎自公民环保运动与和平运动的绿党的建立，使得联邦德国的政治版图中出现了一个新政党，该党对于那些长期适用的范式——军事平衡、经济增长和政治操纵都报以怀疑和拒绝的态度。另一方面，也有人从不断分化的社会中发现了新的机会。"后工业化"的"个人"社会以及"新"现代性倾向与对现代工业经济的持续基本批判之间的对立影响了整个80年代。

加速中的结构转型最先从那些最早可见"转变"的政治领域获益匪浅：通过采取以供应为导向的经济和社会福利政策，科尔/根舍政府设法成功降低了在国民生产总值中国家支出的份额。伴随这一目标而来的是对于福利国家"危机"及必要性的深入辩论，这些辩论让个人能力与责任再次施加了更为积极的影响。尽管财政、税收和福利政策上的改变不宜被高估，但在80年代几乎接近尾声之际，似乎出现了经济政策上的持续成功：自70年代以来，德国经济首次实现超过3%的增长率，失业率也再次出现微幅下降。

虽然经济逐渐在恢复，但联邦总理本人却在1989年初陷入最严重的个人危机之中，以至于1989年上半年便有多方猜测认为，基民盟是否会以更换首脑的方式确保该党在即将到来的联邦议会选举中取得更好的选举结果。然而在试图公开反对科尔之前，以巴登-符腾堡州州长洛塔尔·施佩特（Lothar Späth，1937—2016）和被免职的秘书长海纳·盖斯勒（Heiner Geißler，1930—）为首的党内反对派却临阵倒戈。1989年9月基督教民主联盟在不来梅召开了联邦党代会，之后科尔便再次坐稳了联邦总理的位置。而就在很短时间内，东德发生的巨变使得其他与之无关的一切都隐然不见了。

第六章

"特殊道路"的终结：
德国年（1989—1990）

德国历史上最具讽刺意味的事情之一是当人们深信联邦德国切实克服了其原本作为部分德国的"权宜之计"的地位之时，"老"的联邦共和国也在那个历史性时刻走向了终结。20世纪80年代首次见证了一代人的成长，他们将德国分裂作为一种历史常态来体会，他们更亲近其他西方国家，而非铁幕后那个"遥远"的民主德国。越来越多的迹象表明，联邦德国已经内化了这种分裂国家的国家性，并在这一基础上形成一套独立的身份认同与传统。从80年代开始，联邦德国博物馆中展出自己的历史；在波恩的政府机关区，新建筑的功能是服务于一个长期设立的（国家）首都导向，而有关政治与历史方面的讨论则强调在与西方结盟的框架下也能作为分裂国家来发展自己的国家利益。最后，随着1987年埃里希·昂纳克（Erich Honecker，1912—1994）的来访，联邦德国经历了德国统社党领导人的首次官方亮相。

与之相对的则是西方人慢慢意识到，戈尔巴乔夫1985年的上任标志着一个新的历史转折，这一转折动摇了原本可能一目了然的东西方冲突结构。但越来越明白无误呈现出来的是戈尔巴乔夫的内政改革与外交和解诚意拉开了一次深刻变革的序幕。并且当以戈尔巴乔夫为中心的苏共领导人废除勃列日涅夫主义①，承认华沙条约签署国拥有民族自决权时，整个东方阵营陷入了动荡。

苏联的路线转变也对民主德国产生了一系列直接后果：一方面是80年代越发公开的反对力量受到戈尔巴乔夫改革的激励；另一方面则是冥顽不灵的统社党领导层态度日益强硬。毫无疑问，昂纳克及其同僚应该已经意识到自己缺乏统治合法性，因此将基本的民主化过

---

① 指苏联领导人勃列日涅夫在1968年"布拉格之春"事件后提出的有关处理社会主义国家之间关系的主张，即"社会主义国家有限主权论"，其主要观点是每个社会主义国家的主权不能同社会主义世界的利益相对立，不能同社会主义世界的利益相冲突，"社会主义大家庭的利益"是高于一切的"最高主权"。

程视为危害权力垄断（地位）的威胁。此外，80年代的民主德国还出现了连续不断的经济衰退，这让曾经有过赶超西德经济实力的所有幻想看起来完全成了天方夜谭。所有这些因素从80年代中期开始加速推动民主德国政权去合法化的进程。当统社党高层继续保留原来的人事延续性，主要由新教教会组织，非政府背景的和平与环保运动对民主德国政治与社会形势的公开批评更胜往日。由此产生的紧张关系一方面表现在不断增长的出境压力上；另一方面也体现在那些轰动性事件上，例如企图借1988年1月17日罗莎·卢森堡遇害79周年纪念日之际发动志愿游行，抑或1989年5月公开明确反对地方选举结果造假的抗议活动。

然而这一形势经由一个起初并不引人注意的事件才得以激化：1989年5月2日，马不停蹄动用其新获得的活动自由的匈牙利开始拆除与奥地利边界上的封锁设施，铁幕终结的丧钟由此敲响。布达佩斯当局自9月起逐步开放匈牙利西部边境，这就成为一大批有出境意愿的东德公民通往自由的狭窄通道，仅在数周之内便演变为一场逃出东德的逃亡运动，一时间仿佛一场规模浩大的"出埃及记"。而那些未能通过匈牙利和奥地利进入联邦德国的人，则在联邦德国驻布拉格和华沙的大使馆中寻求庇护。在经过旷日持久的数场谈判之后,直到9月末外长根舍才从民主德国领导层那里成功获得"大使馆难民"的出境许可。然而,首批6800名在大使馆寻求庇护的东德公民才刚被送往西德,大使馆却又被数以千计有着出境意愿的难民填满。当首批"大使馆难民"于1989年10月4日搭乘东德国营铁路的特别专列通过东德领土出境前往西德时,在德累斯顿中央火车站引发了骚乱。由出境和难民压力引发的一波革命浪潮,最终埋葬了统社党政权。

从1989年8月开始,反对党及民权组织——例如"东德社会民主党"(Sozialdemokratische Partei in der DDR)、"民主觉醒"(Demokratische Aufbruch)和"新论坛"(Neue Forum)——在民主德国正式成立。同时,9月初起开始启动所谓莱比锡"周一示威游行",这些活动的规模日渐增大,其参与者直接要求获得参政权。很多民主德国人认识到统社党即将丧失其政治权力及舆论垄断地位,继而受到鼓舞,也推动了革命的浪潮。1989年10月7日,德国统一社会党政权成立40周年的庆祝活动也因此在一种近乎诡异的气氛中举行。

10月17—18日昂纳克的下野也改变不了这场运动的方向。1989年11月9日,迫于持续大规模游行示威活动的压力,以及中央委员会新闻秘书京特·沙博夫斯基(Günter Schabowski,1929—2015)的错误表达,柏林墙在东西两边民众的巨大欢呼声中被打开,自1945年以来德国历史上最重要的转折已经变成了现实。

对于联邦德国以及整个西方世界来说,柏林墙的倒塌和东德的垮台完全出乎意料,因此也完全没有预案性考虑。只有当莱比锡或其他一些地方在"我们才是人民"的声音中逐渐掺杂进"我们是一个民族"及"德国,统一的祖国"的口号时,两德统一的主题才被再次提上议事日程。作为对此类思潮的回应,联邦总理科尔于1989年11月28日向联邦议会提交了一份德国政策的"十点纲要"。在这份事先未与其西方盟友商量的纲要中很大程度上包括由两个德国构成一个联盟,随后再实现国家统一的设想,当然这与欧洲统一也是一致的。在两个德国内部的对话中,西德政府由此取得了德国政策的主动权,这一主动权首先体现在12月19日与东德签署的"条约共同体"方案中。然而,由统社党改革家汉斯·莫德罗(Hans Modrow,1928—)领导的新一届政府也没能阻止民主德国走向崩溃,如此一个迅速重新统一的前景变得日益临近。对此(联邦德国)基本法设想了两种可能:或者依据第146条通过制定新宪法,依据全民公投重新建立一个新的国家；或者根据第23条让民主德国加入联邦德国。

在接下来的一段时间中，同时发生了三个富于张力的过程，它们最终以1990年10月3日民主德国根据基本法第23条加入联邦德国而告终。第一，在民主德国日益清晰地显露出迅速实现一个国家及由此产生的两德重新统一意愿，这种发展趋势最强烈地表现在1990年5月18日（民主德国）举行的首次（同时也是最后一次）人民议会自由选举，其中支持加入的"德国联盟"（Allianz für Deutschland）获得了超过47%的有效票。第二，通过此次表决，也强化了联邦德国政府追求一个尽可能迅速统一的态度，而在1990年，一扇"机会之窗"似乎就被打开了：在与战胜国的小范围表决中，首先是与总统乔治·布什（George Bush, 1924—）领导下的美国和戈尔巴乔夫领导下的苏联，通过所谓的"2+4谈判"——也就是第三点——为两德统一创造了外交上的前提条件。1990年5月18日，西德政府已与部长会议主席洛塔尔·德迈齐埃（Lothar de Maizière, 1940—）领导下的新一届民选民主德国政府签署了有关实现经济、货币和社会福利联合的协议，这一协议于1990年7月1日生效。9月20日，联邦议会和人民议会共同批准了《两德统一条约》，该条约规定了民主德国依照基本法第23条加入联邦德国的法律条件，也就是以不久前才新成立的东德联邦州于10月3日加入了联邦德国版图以及基本法的适用范围。1990年12月2日举行的全德联邦议会首次选举宣告了统一大业的完成。

事实上，尽管货币联盟、统一条约及最后东德的加入，在短时期内为联邦德国将整个政治、经济和法律体系扩大到前民主德国的势力范围创造了前提条件，但此举在东西德都遭到不少人的尖锐批评。最早被一些外国观察家所发现，带有挖苦性的"自以为是的西德人"（Besserwessi）或是带有挑衅意味的"合并"（Anschluβ）①证明了这种不满的持续存在。但另一方面，西德宪法、法制和经济体制的输入为迫切要求稳定的东部德国创造了必要前提。一旦制定新的宪法，围绕一些根本性原则而陷入旷日持久的争论的话，势必会威胁这一稳定性。虽然，伴随着大批任职新联邦州的西德政客、官僚、司法人员及其他专家的冷静实用主义及偶尔在行政事务上表现出的冷漠，或许不可避免地导致了失望；而50岁开外的一代东德人也可能会觉得自己失去了长

---

① 在德语中，"Anschluβ"尤其被指代1938年纳粹德国吞并奥地利。

期职业生涯本应带来的好处。但几乎毫无争议的是，重新统一是众望所归，并且它把握住了世界历史进程中的有利时机并迅速加以实现。1989/90"德国年"代表了一场和平革命以及一场为这个新的国家实体而努力和调整的浩大工程。而随着民主德国加入业已扎根西方价值共同体的联邦德国，20世纪的德意志特殊道路也在东部德国得以终结。这一原本就不稳定的特殊道路，曾经被深刻对立所撕裂，却又满怀希望地踏入20世纪，自觉比邻国高人一等；然而作为大国的失败最终又导致其坠入傲慢与种族妄想，德意志民族国家到1945年时似乎气数已尽。然而到1990年，它又在一个正在迈向统一的欧洲内部获得了新的机会，而事实上统一后的德国似乎也已稳健地迈入新的世纪。担心德意志民族国家重新在欧洲中部崛起而引发摇摆于东西方之间的政策的旧趋势，或是担心其他"特殊道路"企图死灰复燃，至今没有得到任何证实。"柏林共和国"在西方联盟中拥有了稳定的一席之地，而作为整体的德国在经历了贯穿整个20世纪的漫长而痛苦的过程之后完全融入了西方。

后记
从"黄金80年代"到90年代危机

回顾从20世纪80年代中期至1990年两德统一期间的联邦德国，无疑是成功的。自1986—1987年起出现了长期经济繁荣，失业率下降，国家财力增强，因此垮台的东德遭遇的正是一个繁荣的西德，并且由于统一繁荣使得它的经济增长更上一层楼。而如果说80年代是一个短暂的"黄金"时期的话，那么90年代则是一个充满危机、开放性问题及新难题的十年。表面来看它涉及的是由重新统一和内部融合造成的财政负担。前民主德国经济崩溃的程度无疑是被低估了——中东欧与东欧出口市场的崩盘更加速了这一崩溃，过去只能通过可观的财政及社会福利拨款才能得以缓解的结果，如今依然如此。但与必要财政支持同步发生的不仅仅是经济增长明显放缓，还有一场加速进行的社会现代化进程，而这构成了90年代中期以来危机体验的更深层次意义。没有什么比科尔/根舍内阁在1990年12月2日取得联邦议会选举胜利后便着手为德国统一筹措资金的考虑能更好地说明这一转变的速度：1991年1月通过将电话跳次计费周期缩短几秒的决议，以便将联邦邮政由此获得的额外收入投到德国的内部统一之中。但当人们疑虑在此期间完全私有化的电信业此后会经历何种发展时，此次变革的速度与当时那个建议的不适用性一样都瞬间变得清楚起来。

和其他的欧洲工业国一样，新的联邦共和国必须将一个建立在计算机和信息技术基础上且加速推进的技术、经济和社会现代化与"全球化"加以平衡，以使"社会福利费用"不会超出能力所及的范围。在这方面，还格外要求重新定义国家在未来必须完成的任务以及必须退出的领域，并就"福利国家"的边界与财政、改革必要性与"改造"进行深入讨论。另一个开放性的问题则是，究竟什么才能让一个个体完全服从主流"个性化"过程的社会进而团结起来？而作为传统的并且正在不断瓦解的体制对立面的社会化或国家干预新形式，对它们的持续探索,都表明这一领域还存在着空白。

因此,很多事情表明,联邦德国如同百年前的帝国一样迈入了一个新时期,曾经的历史经验与知识并不足以用来解决未来的问题,同样这里可能潜伏着对于自由和民主来说迄今为止还并不为人所知的新危机。由于20世纪苦涩的极权主义经历或令德国人对那些历史上已经发生过的威胁形成免疫,但正在到来的危险却极有可能与那些我们认为是"后现代"时代新进程相连。因此,在回顾"老"联邦共和国民主所取得的成就及其作为"第三"共和国总体成功的开端之后,德国人比过去任何时候都被更多地要求保持警醒,以及时阻止可能出现的歧途或特殊道路。

参考文献

阿道夫·比尔克:《无家可归的民族（1945—1961年）》,柏林: 1989年。

Adolf Birke, Nation ohne Haus. Deutschland 1945–1961, Berlin 1989.

卡尔·迪特里希·布拉赫:《德国独裁：民族社会主义的产生、结构与后果》,第四版,科隆: 1972年。

Karl Dietrich Bracher, Die deutsche Diktatur. Entstehung, Struktur, Folgen des Nationalsozialismus, 4. Aufl.Köln 1972.

卡尔·迪特里希·布拉赫、特奥多尔·埃申堡、约阿希姆·费斯特、埃伯哈德·耶克尔编:《联邦德国史》:

第一卷:特奥多尔·埃申堡:《占领岁月（1945—1949 年）》，斯图加特／威斯巴登：1983 年。

第二卷：汉斯－彼得·施瓦茨:《阿登纳时代：共和国建国岁月（1949—1957 年)》，斯图加特／威斯巴登：1981 年。

第三卷：汉斯－彼得·施瓦茨:《阿登纳时代：时代更替（1957—1963 年)》，斯图加特／威斯巴登：1983 年。

第四卷：克劳斯·希尔德勃兰特:《从艾哈德到大联盟（1963—1969 年)》，斯图加特／威斯巴登：1984 年。

第五卷（上）:卡尔·迪特里希·布拉赫、沃尔夫冈·耶格尔、维尔纳·林克:《转变中的共和国（1969—1974 年）：勃兰特时代》，斯图加特／曼海姆：1986 年。

第五卷（下）：沃尔夫冈·耶格尔、维尔纳·林克:《转变中的共和国（1974—1982 年）：施密特时代》，斯图加特／曼海姆：1987 年。

Karl Dietrich Bracher, Theodor Eschenburg, Joachim Fest und Eberhard Jäckel (Hrsg.), Geschichte der Bundesrepublik Deutschland:

Bd. 1: Theodor Eschenburg, Jahre der Besatzung 1945–1949, Stuttgartu.Wiesbaden 1983.

Bd. 2: Hans-Peter Schwarz, Die Ära Adenauer. Gründerjahre der Republik 1949–1957, Stuttgart u.Wiesbaden 1981.

Bd. 3: Ders., Die Ära Adenauer. Epochenwechsel 1957–1963, Stuttgartu.Wiesbaden 1983.

Bd. 4: Klaus Hildebrand, Von Erhard zur Großen Koalition 1963–1969, Stuttgart u.Wiesbaden 1984.

Bd. 5/I: Karl Dietrich Bracher/Wolfgang Jäger/Werner Link, Republikim Wandel 1969–1974. Die Ära Brandt, Stuttgart u.Mannheim 1986.

Bd. 5/II: Wolfgang Jäger u. Werner Link, Republikim Wandel 1974–1982. Die Ära Schmidt, Stuttgart u. Mannheim 1987.

乌苏拉·比特纳:《魏玛：不堪重负的共和国（1918—1933年）:国家、社会、经济与文化的成就与失败》,斯图加特：2008年。

Ursula Büttner,Weimar: Die überforderte Republik, 1918–1933. Leistungund Versagen in Staat, Gesellschaft, Wirtschaft und Kultur, Stuttgart 2008.

迈克尔·伯利:《民族社会主义时代：一个整体性描述》,美因河畔法兰克福：2000年。

Michael Burleigh, Die Zeit des Nationalsozialismus. Eine Gesamtdarstellung, Frankfurt am Main 2000.

埃卡特·康策:《寻找安全感:从 1949 年至今的联邦德国历史》,慕尼黑: 2009 年。

Eckart Conze, Die Suchenach Sicherheit. Eine Geschichte der Bundesrepublik Deutschland von 1949 bis in die Gegenwart, München 2009.

戈登·A. 克雷格:《德国史(1866—1945 年):从北德意志联盟到第三帝国覆灭》,慕尼黑: 1980 年。

Gordon A. Craig, Deutsche Geschichte 1866–1945. Vom Norddeutschen Bund biszum Ende des Dritten Reiches, München 1980.

理查德·J. 埃文斯:《第三帝国》(三卷本),慕尼黑: 2005—2009 年。

Richard J. Evans, Das Dritte Reich, 3 Bde. München 2005–2009.

诺贝特·费赖:《元首国家:民族社会主义的统治(1933—1945 年)》,第五版,慕尼黑: 1997 年。

Norbert Frei, Der Führerstaat. Nationalsozialistische Herrschaft 1933–1945, 5.Aufl.München 1997.

绍尔·弗里德伦德尔:《第三帝国与犹太人:迫害的年代(1933—1939年)》,慕尼黑:1998年。

Saul Friedländer, Das Dritte Reich und die Juden. Die Jahre der Verfolgung 1933–1939, München 1998.

曼弗雷德·格特马克:《从成立至今的德意志联邦共和国史》,慕尼黑:1999年。

Manfred Görtemaker, Geschichte der Bundesrepublik Deutschland. Vonder Gründungbiszur Gegenwart, München 1999.

伦多夫·赫伯斯特:《民族社会主义德国(1933—1945年)》,美因河畔法兰克福:1996年。

Ludolf Herbst, Das nationalsozialistische Deutschland 1933–1945, Frankfurtam Main 1996.

克劳斯·希尔德勃兰特:《第三帝国》(欧登堡历史基础第17册),第四版,慕尼黑:1991年。

Klaus Hildebrand, Das Dritte Reich (Oldenbourg Grundriß der Geschichte 17), 4.Aufl.München 1991.

伊恩·克肖:《纳粹国家:历史阐述与争论概览》,第三版,汉堡旁的莱茵贝克：1994年。

Ian Kershaw, Der NS-Staat. Geschichtsinterpretationen und Kontroversenim Überblick, 3.Aufl.Reinbekbei Hamburg 1994.

彼得·格拉夫·基尔曼斯埃格：《灾难之后：一部分裂的德国历史》，柏林：2000年。

Peter Graf Kielmansegg, Nach der Katastrophe. Eine Geschichte des geteilten Deutschland, Berlin 2000.

埃伯哈德·科尔布：《魏玛共和国》，第五版，慕尼黑：2000年。

Eberhard Kolb, Die Weimarer Republik, 5. Aufl. München 2000.

霍斯特·默勒：《魏玛：未完成的民主》，第六版，慕尼黑：1997年。

Horst Möller, Weimar. Die unvollendete Demokratie, 6. Aufl. München 1997.

霍斯特·默勒、福尔克尔·达姆、哈特穆特·梅林格编：《致命乌托邦：有关第三帝国的图像、文本、档案与数据》，慕尼黑：

1999年。

Horst Möller, Volker Dahm, Hartmut Mehringer (Hrsg.), Die tödliche Utopie. Bilder, Texte, Dokumente, Datenzum Dritten Reich, München 1999.

汉斯·蒙森:《玩过火的自由:通往毁灭之路魏玛共和国(1918—1933年)》,柏林:1989年。

Hans Mommsen, Die verspielte Freiheit. Der Weg der Republik von Weimarin den Untergang 1918–1933, Berlin 1989.

鲁道夫·莫赛:《德意志联邦共和国:诞生及至1969年的发展》(欧登堡历史基础第19册),第三版,慕尼黑:1995年。

Rudolf Morsey, Die Bundesrepublik Deutschland. Entstehung und Entwicklungbis 1969 (Oldenbourg Grundriß der Geschichte 19), 3.Aufl. München 1995.

托马斯·尼佩代:《德意志史(1866—1918年)》(两卷本),慕尼黑:1990—1992年。

Thomas Nipperdey, Deutsche Geschichte 1866–1918, 2 Bde., München1990/92.

保罗·诺尔特:《德意志社会的规则:20世纪的自我想象与自我说明》,慕尼黑:2000年。

Paul Nolte, Die Ordnung der deutschen Gesellschaft. Selbstentwurf und Selbstbeschreibungim 20.Jahrhundert, München 2000.

德特勒夫·波伊科特:《1918—1933年魏玛共和国:古典现代性的危机年代》,美因河畔法兰克福:1987年。

Detlev Peukert, Die Weimarer Republik 1918–1933. Die Krisenjahre der Klassischen Moderne, Frankfurt am Main 1987.

格哈德·A.里特尔:《关于德国:德国历史中的联邦共和国》,慕尼黑:1998年。

Gerhard A. Ritter, Über Deutschland. Die Bundesrepublik in der deutschen Geschichte, München 1998.

安德里亚斯·勒德:《德国,统一的祖国:重新统一的历史》,慕尼黑:2009年。

Andreas Rödder, Deutschland einig Vaterland. Die Geschichte der Wiedervereinigung,München 2009.

安德里亚斯·勒德:《德意志联邦德国（1969—1990年)》（欧登堡历史基础第19a册），慕尼黑：2004年。

Andreas Rödder, Die Bundesrepublik Deutschland 1969–1990 (Oldenbourg Grundriß der Geschichte 19a), München 2004.

阿特瑟尔·希尔特、阿诺德·希沃特克编:《重建中的现代化：50年代的西德社会》，波恩：1993年。

Axel Schildt u. Arnold Sywottek (Hrsg.), Modernisierungim Wiederaufbau.Die westdeutsche Gesellschaft der 50er Jahre, Bonn 1993.

汉斯-彼得·施瓦茨:《从帝国到联邦共和国：处于1945—1949年盟国占领期间外交政策构想冲突中的德国》，第二版，诺伊维德／柏林：1980年。

Hans-Peter Schwarz, Vom Reich zur Bundesrepublik. Deutschland im Widerstreit der außenpolitischen Konzeptionen in den Jahren der Besatzungsherrschaft 1945–1949, 2.Aufl.Neuwied u. Berlin 1980.

赖因哈德·施普雷编:《20世纪德国经济史》，慕尼黑：2001年。

Reinhard Spree (Hrsg.), Geschichte der deutschen Wirtschaftim 20. Jahrhundert, München 2001.

迪特马尔·聚斯、温弗里德·聚斯编:《"第三帝国"导论》,慕尼黑: 2008 年。

Dietmar Süß u. Winfried Süß (Hrsg.), Das "Dritte Reich". Eine Einführung, München 2008.

汉斯－乌利希·塔默:《诱惑与权力: 1933—1945 年的德国》, 柏林: 1986 年。

Hans-Ulrich Thamer, Verführung und Gewalt. Deutschland 1933–1945, Berlin 1986.

汉斯－乌利希·韦勒:《德国社会史(第五卷): 联邦德国与民主德国(1949—1990 年)》, 慕尼黑: 2008 年。

Hans-Ulrich Wehler, Deutsche Gesellschaftsgeschichte, Band. 5: Bundesrepublikund DDR 1949–1990, München 2008.

汉斯－乌利希·韦勒:《德国社会史(第四卷): 从第一次世界大战爆发到两个德国成立(1914—1949 年)》, 慕尼黑: 2003 年。

Hans-Ulrich Wehler, Deutsche Gesellschaftsgeschichte Band 4: Vom Beginnds Ersten Weltkriegsbiszur Gründung der beidendeutschen Staaten 1914–1949, München 2003.

海因里希·奥古斯特·温克勒:《通往西方的漫长道路》(两卷本),慕尼黑:2000年。

Heinrich August Winkler, Der lange Wegnach Westen, 2 Bde., München 2000.

海因里希·奥古斯特·温克勒:《魏玛(1918—1933年):首个德国民主政体的历史》,慕尼黑:1993年。

Heinrich August Winkler, Weimar 1918–1933. Die Geschichte der erstendeutschen Demokratie, München 1993.

安德里亚斯·维尔申:《告别临时措施(1982—1990年)》(联邦德国史第六册),慕尼黑:2006年。

Andreas Wirsching, Abschiedvom Provisorium 1982–1990 (Geschichteder Bundesrepublik Deutschland 6), München 2006.

安德里亚斯·维尔申:《魏玛共和国:政治与社会》,慕尼黑:2000年。

Andreas Wirsching, Die Weimarer Republik. Politik und Gesellschaft (EDG 58), München 2000.

埃德加·沃尔夫鲁姆:《走运的民主:从诞生至今的德意志联邦共和国历史》,斯图加特:2006年。

Edgar Wolfrum, Die geglückte Demokratie. Geschichte der Bundesrepublik Deutschland von ihren Anfängenbiszur Gegenwart, Stuttgart 2006.

埃德加·沃尔夫鲁姆编:《20世纪的德国人》,达姆施塔特:2004年。

Edgar Wolfrum (Hrsg.), Die Deutschenim 20. Jahrhundert, Darmstadt 2004.

德中译名对照表

Adolf Hitler	阿道夫·希特勒
Albrecht von Thaer	阿尔布雷希特·冯·特尔
Alfred Graf von Schlieffen	阿尔弗雷德·冯·施里芬伯爵
Alfred Hugenberg	阿尔弗雷德·胡根贝格
Alfred Müller-Armack	阿尔弗雷德·米勒-阿马克
Alfred von Tirpitz	阿尔弗雷德·冯·蒂尔皮茨
Aristide Briand	阿里斯蒂德·白里安
Benito Mussolini	贝尼托·墨索里尼
Carl Zuckmayer	卡尔·楚克迈尔
Carlo Schmid.	卡尔洛·施密德
Christoph Kleßmann	克里斯托夫·克勒斯曼
Claus Schenk Graf von Stauffenberg	克劳斯·申克·冯·施陶芬伯格伯爵
Clemens Graf von Galen	加伦伯爵，克莱门斯·冯
Dieter Groh	迪特·格罗
Edgar Julius Jung	埃德加·尤利乌斯·容
Egon Bahr	埃贡·巴尔
Erich Honecker	埃里希·昂纳克
Erich Ludendorff	埃里希·鲁登道夫

Erich Maria Remarque	埃里希·玛丽亚·雷马克
Erich von Falkenhayn	埃里希·冯·法金汉
Ernst Röhm	恩斯特·罗姆
Ernst vomRath	恩斯特·冯·拉特
Ernst von Weizsäcker	恩斯特·冯·魏茨泽克
Erzherzog von Österreich Franz Ferdinand	奥地利大公，弗朗茨·斐迪南
Ferdinand Foch	费迪南德·福煦
Ferdinand von Bredow	费迪南德·冯·布雷多
Franklin D. Roosevelt	富兰克林·D. 罗斯福
Franz von Papen	弗朗茨·冯·巴本
Friedrich Ebert	弗里德里希·艾伯特
Friedrich Meinecke	弗里德里希·迈内克
Friedrich Naumann	瑙曼，弗里德里希
Friedrich Paulus	弗里德里希·保卢斯
Fritz Todt	弗里茨·托特
Georg F.Kennan	乔治·F.凯南
Georg Graf Hertling	格奥尔格·赫特林伯爵
Georg Michaelis	奥尔格·米夏埃利斯
Georg Picht	格奥尔格·皮希特
Georg Wilhelm Friedrich Hegel	格奥尔格·威廉·弗里德里希·黑格尔
George Bush	乔治·布什
Gerhard Schröder	格哈德·施罗德
Gregor Straßer	格雷戈尔·施特拉塞尔
GünterSchabowski	京特·沙博夫斯基
Gustav Noske	古斯塔夫·诺斯克
Gustav Stresemann	古斯塔夫·施特雷泽曼
Gustav von Kahr	古斯塔夫·冯·卡尔
Hans Magnus Enzensberger	汉斯·马格努斯·恩岑斯贝格尔
Hans Modrow	汉斯·莫德罗
Hans Mommsen	汉斯·蒙森
Hans von Seeckt	汉斯·冯·泽克特

Hans-Dietrich Genscher	汉斯-迪特里希·根舍
Heiner Geißler	海纳·盖斯勒
Heinrich Brüning	海因里希·布吕宁
Heinrich Claß	海因里希·克拉斯
Heinrich Himmler	海因里希·希姆莱
Heinrich Mann	亨利希·曼
Helmut Kohl	赫尔穆特·科尔
Helmut Schelskys	赫尔穆特·舍尔斯基
Helmut Schmidt	赫尔穆特·施密特
Helmuth Plessner	赫尔穆特·普勒斯纳
Helmuth von Moltke	赫尔穆特·冯·毛奇
Henning von Tresckow	亨宁·冯·特雷斯科
Herbert von Bose	赫伯特·冯·博泽
Hermann Göring	赫尔曼·戈林
Hermann Müller	赫尔曼·米勒
Joachim von Ribbentrop	约阿希姆·冯·里宾特洛甫
John Lukacs	约翰·卢卡奇
Josef Mooser	约瑟夫·莫瑟尔
Josef Stalin	约瑟夫·斯大林
Joseph Goebbels	约瑟夫·戈培尔
Julius Bachem	尤利乌斯·巴赫姆
Karl Liebknecht	卡尔·李卜克内西
Karl Marx	卡尔·马克思
Karl Schiller	卡尔·席勒
Konrad Adenauer	康拉德·阿登纳
Konrad Henlein	康拉德·亨莱因
Konstantin von Neurath	康斯坦丁·冯·牛赖特
Kuno Graf von Westarp	库诺·冯·韦斯塔普伯爵
Kurt Georg Kiesinger	库尔特·格奥尔格·基辛格
Kurt Schumacher	库尔特·舒马赫
Kurt von Hammerstein-Equord	库尔特·冯·哈默施泰因-埃克沃德
Kurt von Schleicher	库尔特·冯·施莱歇尔

Kurt von Schuschnigg	库尔特·冯·舒施尼格
Leonid Breschnew	列昂尼德·勃列日涅夫
Lothar de Maizière	洛塔尔·德·迈齐埃
Lothar Späth	洛塔尔·施佩特
Ludwig Erhard	路德维希·艾哈德
Martin Bormann	马丁·鲍曼
Martin Doerry	马丁·德里
Matthias Erzberger	马蒂亚斯埃茨贝格
Michail Gorbatshow	米哈伊尔·戈尔巴乔夫
Neville Chamberlain	内维尔·张伯伦
Oskar von Hindenburg	奥斯卡·冯·兴登堡
Otto Graf Lambsdorff	奥托·格拉夫·兰布斯多夫
Otto Meißner	奥托·迈斯纳
Otto von Bismarck	奥托·冯·俾斯麦
Otto Wels	奥托·韦尔斯
Paul von Hindenburg	保罗·冯·兴登堡
Philpp Scheidemann	菲利普·谢德曼
Prinz Max von Baden	马克斯·冯·巴登亲王
Rainer Barzel	赖纳·巴泽尔
Ralf Dahrendorf	拉尔夫·达伦多夫
Raul Hilberg	劳尔·希尔贝格
Reinhard Heydrich	赖因哈德·海德里希
Richard Löwenthal	理查德·勒文塔尔
Richard von Weizsäcker	理查德·冯·魏茨泽克
Richard Walther Darré	理查德·瓦尔特·达雷
Rosa Luxemburg	罗莎·卢森堡
Rudi Dutschke	鲁迪·杜奇克
Saul Friedländer	绍尔·弗里德伦德尔
Theobald von Bethmann Hollweg	特奥巴尔德·冯·贝特曼·霍尔韦格
Theodor Geiger	特奥多尔·盖格尔
Theodor Heuss	特奥多尔·豪伊斯
Theodor Mommsen.	特奥多尔·蒙森

Thomas Dehler	托马斯·德勒
Walter Scheel	瓦尔特·谢尔
Walter Ulbricht	瓦尔特·乌布利希
Walther Rathenau	瓦尔特·拉特瑙
Werner Freiherr von Fritsch	弗里奇男爵,维尔纳·冯
Werner von Blomberg	维尔纳·冯·勃洛姆堡
Wilhelm Frick	威廉·弗里克
Wilhelm II.	威廉二世
Wilhelm Keitel	威廉·凯特尔
Willy Brandt	维利·勃兰特
Winston Churchill	温斯顿·丘吉尔
Woodrow Wilson	伍德罗·威尔逊

图书在版编目（CIP）数据

二十世纪德国史 / [德]安德烈亚斯·维尔申著；
张杨，王琼颖译. —上海：上海三联书店，2018.10
ISBN 978-7-5426-6416-7

Ⅰ.①二… Ⅱ.①安…②张…③王… Ⅲ.①德国－历史－20世纪 Ⅳ.①K516.4

中国版本图书馆CIP数据核字（2018）第173906号

二十世纪德国史

著　者 / [德]安德烈亚斯·维尔申
译　者 / 张　杨　王琼颖
责任编辑 / 程　力
特约编辑 / 苑浩泰
装帧设计 / Metis 灵动视线
监　制 / 姚　军
出版发行 / 上海三联书店
　　　　　（201199）中国上海市都市路4855号2座10楼
邮购电话 / 021-22895557
印　刷 / 北京旭丰源印刷技术有限公司
版　次 / 2018年10月第1版
印　次 / 2018年10月第1次印刷
开　本 / 787×1092　1/32
字　数 / 78千字
印　张 / 6

ISBN 978-7-5426-6416-7/K·486

定　价：28.80元

DEUTSCHE GESCHICHTE IM 20. JAHRHUNDERT
by Andreas Wirsching
© Verlag C.H.Beck oHG, München 2011
Simplified Chinese language copyright © 2018
by Phoenix-Power Cultural Development Co., Ltd.
All rights reserved.
本书中文简体版权归北京凤凰壹力文化发展有限公司所有，并授权上海三联书店出版。
未经许可，请勿翻印。

著作权合同登记号　图字：09-2018-622号